AF258584

LA LOI

DU 3 MAI 1844,

SUR LA

POLICE DE LA CHASSE,

EXPLIQUÉE PAR LA JURISPRUDENCE.

DIJON, IMPRIMERIE LOIREAU-FEUCHOT,
40, RUE CHABOT-CHARNY, 40.

LA LOI DU 3 MAI 1844

sur la

POLICE DE LA CHASSE,

EXPLIQUÉE

PAR LA JURISPRUDENCE

des Cours Royales

ET DE LA COUR DE CASSATION.

PAR M. NICOLIN,

Avocat.

<hr>

PARIS,

ALPHONSE LECLERE, LIBRAIRE-ÉDITEUR,

rue des Grés, n° 5, et rue des Poirées, n° 1,

près la Faculté de Droit.

1846.

PRÉFACE.

La loi du 3 mai 1844 sur la police de la chasse a soulevé de nombreuses récriminations. Suivant les uns, elle a fait trop peu pour prévenir les abus dont on se plaignait généralement; suivant d'autres, elle a été trop loin, et, en voulant remédier à un mal qu'elle s'exagère, elle a blessé les citoyens et enlevé à l'exercice de la chasse tout l'attrait qu'ils y trouvaient.

Les considérations de parti ont eu aussi leur place dans la discussion; nous ne les reproduirons pas. Sous aucun rapport, les reproches adressés à la loi nouvelle ne sont fondés. Il est permis, en présence des modifications importantes qu'elle a introduites, de penser que le braconnage a reçu une rude atteinte, et qu'avant peu il disparaîtra entièrement. La saisie à domicile et la destruction des instruments et engins dont l'usage est interdit, la défense de colporter et de vendre le gibier en temps prohibé, obligent le braconnier à renoncer à cette coupable industrie, dont il ne peut plus, du reste, tirer aucun profit. Quant aux appréhensions si souvent manifestées sur la destruction du gibier, elles doivent cesser. La loi n'admettant plus que la chasse de jour, à tir et à courre, embrasse dans sa prohibition l'emploi des panneaux, filets, lacets, collets, piéges et tous autres engins ou instruments que l'industrie multipliait tous les jours et qui menaçaient le gibier d'une destruction totale. Elle règle le droit du propriétaire relativement aux animaux malfaisants et nuisibles, qu'il peut détruire sur sa propriété. Elle prend des mesures pour la conservation des petits oiseaux. Enfin, en interdisant l'emploi du chien lévrier et en donnant au préfet la faculté de suspendre la chasse en temps de neige, elle complète l'ensemble des dispositions propres à lui faire atteindre son but.

D'un autre côté, ceux qui voient dans cette loi des mesures vexatoires pour les chasseurs de bonne foi ne l'ont pas lue attentivement. Elle maintient au propriétaire la faculté de chasser en tout temps et sans permis de chasse dans un enclos attenant à une habitation. Elle modifie la loi ancienne, en ce qu'elle autorise le propriétaire à chasser sur ses terres, quoique couvertes de leurs récoltes. Elle n'admet l'action du ministère public pour les faits de chasse sur la propriété d'autrui que sur la plainte du propriétaire. Enfin, elle enlève aux procès-verbaux rédigés par certains gardes le caractère d'authenticité qu'ils avaient eu jusque là ; elle donne ainsi au prévenu la faculté de se défendre et de discuter des allégations qui pourraient être le résultat de l'erreur ou de l'animosité, et que, sous la loi ancienne, les Tribunaux devaient toujours admettre. La loi nouvelle sur la chasse porte donc incontestablement avec elle ces trois caractères : extirpation du braconnage, conservation du gibier, protection à la propriété.

Malgré la discussion approfondie à laquelle elle a donné lieu, malgré l'habileté des hommes qui y ont pris part, et par cela même qu'elle apportait des modifications essentielles à la législation antérieure, cette loi a dû laisser incertaine la solution de plusieurs difficultés qu'elle ne pouvait prévoir : c'est à la jurisprudence qu'appartient le soin de les fixer. Nous pouvons dire aujourd'hui que ce but est atteint ; cette matière a un intérêt tellement pratique, que, pendant les deux années qui viennent de s'écouler, les Cours royales et la Cour de cassation ont tranché toutes les difficultés qui pouvaient être soulevées à son occasion. Notre législation sur la chasse est maintenant complète et certaine ; c'est cette considération qui nous a déterminé à publier ce petit volume.

Nous n'avons pas eu la prétention (le titre l'indique assez) de faire un traité théorique sur la chasse. D'autres

avant nous, et dont le mérite est connu depuis longtemps, ont commenté cette loi ; mais, dans leurs com-
mentaires, publiés peu de temps après sa promulgation,
ils ont dû se borner à exposer sa théorie , critiquer ou
approuver ses dispositions, prévoir et donner leur opinion sur quelques - unes des difficultés qui devaient
surgir plus tard. Aujourd'hui , ces difficultés sont réso-
lues, et nous pensons être utile aux chasseurs, en les met-
tant au courant de la jurisprudence. Nous ferons un
exposé rapide, mais complet, de toutes les dispositions
contenues dans la loi ; cet ouvrage détermine donc d'une
manière précise la limite des droits et des obligations de
ceux qui se livrent à l'exercice de la chasse.

LA LOI

DU 3 MAI 1844,

SUR LA

POLICE DE LA CHASSE,

EXPLIQUÉE PAR LA JURISPRUDENCE.

CHAPITRE PREMIER.

Conditions de l'exercice du Droit de Chasse.

La loi nouvelle prescrit quatre conditions à l'accomplissement desquelles elle soumet l'exercice du droit de chasse : que le chasseur soit pourvu d'un permis de chasse délivré par l'autorité compétente, qu'il soit propriétaire des terres qu'il parcourt ou qu'il ait obtenu l'autorisation du propriétaire ; que la chasse soit ouverte, enfin qu'il se conforme aux modes de chasse qu'elle établit.

CHAPITRE II.

Du Permis de Chasse.

Le permis de chasse a été substitué au permis de port d'armes de chasse exigé par le décret de 1812. M. Lenoble, dans son rapport à la Chambre des Députés, nous donne les motifs de cette substitution. « La dénomina-
« tion nouvelle est plus vraie que l'ancienne, dit-il;
« car, du moment où tout citoyen tient de la loi le
« droit de porter une arme, le permis de port d'armes
« de chasse n'était qu'un permis de chasse sous une
« fausse dénomination. S'il était convenable de lui ren-
« dre son vrai nom, il était rationnel d'examiner si l'on
« pouvait assujétir l'exercice d'un mode de chasse à des
« conditions qui ne seraient point imposées à un autre
« mode, et le résultat de cet examen devait être que la
« justice voulait qu'ils fussent tous soumis à la même rè-
« gle. C'est donc avec raison que le projet de loi impose
« à tous ceux qui veulent se livrer à l'exercice de la
« chasse l'obligation de se pourvoir d'un permis de
« chasse. »

Le permis de chasse est délivré par le Préfet, sur l'avis du Maire du domicile ou de la résidence, moyennant le versement préalable de la somme de vingt-cinq francs, ainsi répartie : quinze francs au profit de l'Etat et dix francs au profit de la commune dont le Maire aura donné l'avis nécessaire à son obtention. La faculté de s'adresser non-seulement au Préfet du département dans lequel on a son domicile, mais encore à celui du département dans lequel on a une simple résidence, a été accordée précisément pour que la surtaxe de dix francs profitât aux communes, dont les ressources sont bien moindres que celles des villes.

Tout individu a le droit d'obtenir un permis de chasse, s'il ne se trouve dans l'un des cas d'exception prévus par la loi. Il n'y a donc pas d'exclusion arbitraire ; le projet de loi accordait cependant au Préfet le droit absolu de refuser le permis de chasse, sauf recours devant le Ministre. C'était créer, au profit de l'administration locale, une cause de vexations ; c'était, même lorsque le Préfet aurait agi avec impartialité, lui susciter des embarras, en raison des réclamations de ceux qui auraient éprouvé un refus qu'ils ne considéreraient pas comme fondé. Mieux valait, ainsi que l'a fait la commission de la Chambre des Pairs, déterminer dans la loi tous les cas d'exception. Ils sont divisés en trois classes :

Ceux pour lesquels le Préfet pourra refuser le permis de chasse ;

Ceux pour lesquels il ne peut être délivré ;

Enfin, ceux pour lesquels il ne peut être accordé (1).

Le Préfet a la faculté de refuser ou de délivrer le permis de chasse :

1° A tout individu majeur qui ne sera point personnellement inscrit, ou dont le père ou la mère ne serait pas inscrit au rôle des contributions ;

---

(1) C'est avec intention que la loi exprime en termes différents l'exclusion qu'elle prononce vis-à-vis de certains individus relativement au permis de chasse, bien que les conséquences soient les mêmes : le refus d'accorder suppose l'indignité, celui de délivrer suppose l'incapacité.

2° A tout individu qui, par une condamnation judiciaire, a été privé de l'un ou de plusieurs des droits civiques, civils et de famille, lesquels consistent dans le vote et l'élection, l'éligibilité, etc., etc.;

3° A tout condamné à un emprisonnement de plus de six mois pour rébellion ou violence envers les agents de l'autorité publique ;

4° A tout condamné pour délit d'association illicite, de fabrication, débit, distribution de poudre, armes ou autres munitions de guerre ; de menaces écrites ou verbales avec ordre ou sans condition ; d'entraves à la circulation des grains ; de dévastations d'arbres ou de récoltes sur pied, de plants venus naturellement ou faits de main d'homme ;

5° A ceux qui auront été condamnés pour vagabondage, mendicité, vol, escroquerie ou abus de confiance.

La faculté de refuser le permis de chasse aux condamnés dont il est question dans les paragraphes 3, 4 et 5, cessera cinq ans après l'expiration de la peine.

Le permis de chasse ne sera pas délivré :

1° Aux mineurs qui n'auront pas seize ans accomplis;

2° Aux mineurs de seize à vingt et un ans, à moins que le permis ne soit demandé pour eux par leur père, mère, tuteur ou curateur, porté au rôle des contributions ;

3° Aux interdits ;

4° Aux gardes champêtres ou forestiers des communes et établissements publics, ainsi qu'aux gardes forestiers de l'Etat et aux gardes pêche.

Le permis de chasse ne sera pas accordé :

1° A ceux qui, par suite de condamnations, sont privés du droit de port d'armes ;

2° A ceux qui n'auront pas exécuté les condamnations prononcées contre eux pour l'un des délits prévus par la présente loi ;

3° A tout condamné placé sous la surveillance de la haute police.

Le permis de chasse est-il nécessaire pour se livrer, par les moyens exceptionnels autorisés par les Préfets, à la chasse des oiseaux de passage ?

On peut prétendre jusqu'à un certain point, et c'est ainsi que l'avait décidé la Cour royale de Bourges, que cette chasse, étant autorisée par des arrêtés spéciaux des Préfets, ne se trouve pas régie par les dispositions relatives à la chasse à tir et à courre. En effet, le temps pendant lequel elle est permise est quelquefois fort limité : il ne coïncide pas toujours avec celui de la chasse ordinaire ; on peut employer différents engins ou filets interdits par ces dispositions générales. C'est plutôt pour les habitants des différentes localités un moyen d'existence, une industrie qu'ils exercent. Du reste, la loi, en déterminant les conditions de cette chasse, ne parle pas du permis ; l'exiger, ce serait, suivant la Cour royale de Bourges, faire plus qu'elle ne veut.

Cependant la Cour de cassation n'a pas admis ce système (1) ; elle a infirmé l'arrêt de la Cour de Bourges, par des moyens qui ne sont que l'application exacte de la loi. Suivant elle, les conditions dans lesquelles la chasse peut s'exercer sont au nombre de quatre : l'ouverture, le permis de chasse, le fait d'être propriétaire, les modes de chasse. Il est vrai que les Préfets sont au-

____

(1) *Journal du Palais,* année 1845, t. II, p. 124.

torisés à modifier ces exigences en ce qui concerne les
oiseaux de passage. Mais la loi a soin de déterminer
sous quels rapports ces modifications auront lieu; nous
voyons, en effet, que les Préfets ne peuvent prendre des
arrêtés que pour ce qui concerne le temps pendant lequel cette chasse est permise et les modes qu'on peut y
employer; mais aucune disposition n'est relative aux
deux autres conditions (la qualité de propriétaire et le
permis de chasse); elles doivent donc être observées
pour la chasse des oiseaux de passage. Cet arrêt est à
l'abri de toute critique.

Nul doute que ceux qui suivent à cheval une chasse à
courre, même lorsqu'ils ne sont pas armés, font acte de
chasse, et doivent être munis d'un permis; le rappor-
teur près la Chambre des Pairs s'en est expliqué clairement sur une observation de M. de Boissy.

La loi ancienne voulait que le chasseur pût justifier
de son permis lorsqu'il était rencontré faisant acte de
chasse; la loi nouvelle exige seulement qu'il soit délivré:
en sorte que du moment où le Préfet a signé le permis,
celui qui l'a obtenu peut chasser sans attendre que différentes formalités, dont l'accomplissement prendra
plus ou moins de temps, soient remplies. D'ailleurs, le
permis donne le droit de chasse pendant un an, et ce délai partant du jour de la délivrance, il s'ensuivrait que
le chasseur serait lésé dans l'exercice de son droit, s'il ne
pouvait chasser sans être porteur de son permis.

Ce point ne peut comporter aucune discussion; la délivrance du permis de chasse suffit pour autoriser à chasser. Mais ce qui donne lieu à quelque difficulté, c'est la
question relative aux frais de justice faits jusqu'au mo-

ment de la preuve de la délivrance, et qui peuvent comprendre le procès-verbal, l'assignation, la comparution des témoins, etc. Le devoir de tout garde rencontrant un chasseur consiste à lui demander l'exhibition de son permis; et si ce dernier ne défère pas à l'invitation qui lui est faite, il doit en être dressé procès-verbal. Les motifs allégués par les chasseurs, et qui seraient souvent sans fondement, ne peuvent être pris en considération. Le procès-verbal déposé au parquet du Procureur du Roi, celui-ci fera nécessairement assigner le chasseur, et ce sera devant les juges que, le plus souvent, la justification aura lieu; le Procureur du Roi se désistera de l'accusation, mais il pourra demander que les dépens occasionnés par le chasseur soient supportés par lui. De telles conclusions ne peuvent être adoptées par le Tribunal, car c'est un principe de droit bien établi, que celui qui gagne son procès doit être renvoyé de l'instance sans dépens. Surtout en matière correctionnelle ou criminelle, lorsqu'un acquittement intervient, le prévenu doit être indemne de toute condamnation, et il ne peut, sans condamnation, être contraint à supporter une partie des dépens. C'est ainsi que la jurisprudence le décidait sous la loi ancienne; elle l'a décidé depuis. Les auteurs qui ont écrit sur cette partie de notre législation admettent tous ce principe. Cependant un arrêt de la Cour royale de Paris (1), infirmant un jugement du Tribunal de police correctionnelle de Versailles, a décidé le contraire. Cet arrêt ne serait certainement pas confirmé, s'il était déféré à la Cour de

(1) 10 janvier 1846.

cassation; il n'est pas à craindre que cette interprétation fasse jurisprudence. La Cour royale de Bordeaux (1) a jugé le contraire, conformément aux motifs que nous avons donnés.

Le permis de chasse est personnel; cependant il s'applique plus particulièrement à un seul fait de chasse; en sorte que tous ceux qui sont les auxiliaires indispensables du chasseur ne sont pas tenus d'en obtenir. Ils constituent avec lui une seule et même personne. Ces principes ont été reconnus par plusieurs Cours royales, et par la Cour de cassation, dans des espèces qui se représentent le plus souvent. Il s'agissait, devant la Cour royale de Nancy (2), de la chasse des oiseaux de passage, qui, presque toujours, a lieu au filet; il est nécessaire d'avoir des gens qui, ordinairement, sont rétribués, lesquels doivent visiter les instruments, enlever les oiseaux qui s'y trouvent pris, et tendre de nouveau.

La Cour royale de Paris a statué (3) dans un fait de chasse au bois. Elle a jugé que les traqueurs chargés d'effrayer le gibier et de le lancer ne chassent pas pour leur propre compte, et qu'ils ne peuvent être considérés que comme des instruments de chasse. Mais ils ne doivent pas être armés de fusils; ils se livreraient alors à un fait de chasse personnel, et seraient assujettis à l'obligation du permis.

Toutefois, il faut se garder de donner une trop grande extension à ce principe; il doit être restreint au cas où celui qui est muni du permis de chasse est aidé ou sup-

---

(1) *Journal du Palais,* année 1845, t. II, p. 671.
(2) Même ouvrage, — — p. 129.
(3) Même ouvrage, — — p. 132.

pléé dans un travail trop long, mais qu'il dirige ou soigne habituellement. Si, au contraire, un individu, bien que rétribué par le chasseur et ne chassant pas par conséquent pour son propre compte, suit la chasse dans tous ses détails; si, comme cela s'est présenté dans l'un des nombreux arrêts de cette espèce que la Cour royale de Nancy a jugés, celui qui est muni d'un permis de chasse ne fait aux instruments que des visites accidentelles; si, en outre, il est domicilié à une assez grande distance du lieu où cette chasse se fait, il est hors de doute que son préposé commettra un délit, et la circonstance que le gibier pris lui serait envoyé serait insignifiante, ainsi que l'a décidé le même arrêt. La Cour royale de Dijon (1) s'est prononcée dans le même sens; son arrêt a été confirmé par la Cour de cassation.

Il n'est pas besoin d'être muni d'un permis de chasse, pour détruire sur ses terres les animaux malfaisants et nuisibles qui s'y trouveraient, et à plus forte raison les bêtes fauves qui porteraient dommage aux propriétés. Le législateur a eu soin d'éviter, dans ces deux cas, de se servir du mot *chasse*; il emploie les mots *repousser* et *détruire*.

CHAPITRE III.

De l'Ouverture de la Chasse.

L'époque de l'ouverture et de la clôture de la chasse est déterminée dans chaque département par un arrêté

(1) *Journal du Palais*, année 1845, t. II, p. 713.

du Préfet, publié au moins dix jours à l'avance. Le Préfet peut même, lorsque le sol ou la température l'exigent, déterminer des époques différentes pour les différents arrondissements, cantons et communes de son département.

Ici se présente naturellement une question qui a divisé les opinions et la jurisprudence, et qui, par sa gravité, nécessite un examen sérieux.

Le Préfet peut-il, par ses arrêtés, interdire la chasse sur les terres non dépouillées de leurs fruits? On dit, pour l'affirmative : Cette faculté résulte de la loi du 3 mai 1844, qui laisse au Préfet le soin de déterminer l'époque de l'ouverture de la chasse comme il le juge convenable. Nul doute qu'il ne puisse accorder ce droit que successivement et avec restriction; c'est ce qui arrive lorsqu'il en retarde l'exercice pour certaines localités. Le but de la loi a été de prendre en considération l'état plus ou moins avancé des récoltes. Ainsi, le fait d'avoir chassé sur son terrain non dépouillé de ses fruits, alors que le Préfet l'interdit, constitue le délit de chasse avant l'ouverture, puisqu'en réalité la chasse n'est pas ouverte sur les propriétés de ce genre; d'ailleurs, le Préfet aurait pu retarder l'ouverture de la chasse sur toute une localité; il peut donc, à plus forte raison, l'interdire momentanément sur certaines propriétés. Du reste, ajoute-t-on, lorsque l'arrêté préfectoral est rendu dans les formes et maintenu par l'autorité supérieure, les citoyens ne peuvent, sans commettre un délit, violer ses dispositions; et il n'est pas permis aux Tribunaux de contrôler les arrêtés administratifs.

D'un autre côté, on répond, pour la négative, qu'une

modification apportée aux dispositions de la loi ancienne, sur la matière, est de lever l'interdiction qui pesait sur les propriétés non dépouillées de leurs fruits; en effet, nous ne trouvons dans la loi nouvelle aucune disposition qui tende à maintenir ce principe; nous y voyons, au contraire, que le fait d'avoir chassé sur un terrain non dépouillé de ses récoltes, sans le consentement du propriétaire, aggrave le délit résultant de la chasse sans le consentement du propriétaire, mais n'en constitue aucun. Cette disposition est ainsi conçue :

« Seront punis d'une amende de seize à cent francs :

« 1° Ceux qui auront chassé sans permis de chasse ;

« 2° Ceux qui auront chassé sur le terrain d'autrui
« sans le consentement du propriétaire.

« L'amende pourra être portée au double, si le délit
« a été commis sur des terres non dépouillées de leurs
« fruits. »

Ainsi, il y a délit si l'on chasse sans le consentement du propriétaire, et ce délit est aggravé si le terrain est encore couvert de ses récoltes. Mais, pour appliquer la peine du double de l'amende, il faut le concours de ces deux circonstances : défaut de consentement du propriétaire, fait de chasse sur un terrain non dépouillé de ses récoltes.

Nous pouvons tirer une induction semblable d'une autre disposition de la même loi, ainsi conçue :

« Tous les délits prévus par la présente loi seront
« poursuivis d'office par le ministère public; néanmoins,
« dans le cas de chasse sur le terrain d'autrui sans le
« consentement du propriétaire, la poursuite d'office
« ne pourra être exercée par le ministère public sans

« une plainte de la partie intéressée, qu'autant que le
« délit aura été commis sur des terres non encore dé-
« pouillées de leurs fruits. »

Ne résulte-t-il pas clairement de là que si le propriétaire a autorisé un chasseur à parcourir des terres non
dépouillées de leurs fruits, la faculté est enlevée au Procureur du Roi de poursuivre la répression de ce fait? A
plus forte raison il pourra y chasser lui-même.

Les motifs qui ont déterminé le législateur à admettre
cette modification essentielle sont aussi raisonnables
que faciles à saisir ; en effet, que l'arrêté préfectoral détermine des époques différentes pour diverses localités ;
mais que toutes les propriétés qu'elles comportent s'y
trouvent soumises, quelle que soit leur nature, c'est agir
dans l'intérêt général. Si, au contraire, le Préfet interdit
la chasse sur les propriétés de certaine nature pour
prévenir les dégâts qui pourraient en résulter, ces dégâts ne pouvant qu'être le fait du propriétaire ou des
gens qu'il a autorisés, il agit ainsi dans un intérêt privé
dont la loi ne paraît pas s'inquiéter. Et, pour répondre à
la seconde partie de l'objection, tirée de la nécessité d'observer les dispositions d'un arrêté préfectoral rendu dans
les formes légales et maintenu par l'autorité supérieure,
nous répondons, avec l'assentiment général des auteurs,
que si le Préfet chargé de prendre des arrêtés pour l'exécution d'une loi va jusqu'à l'interpréter et lui faire produire des conséquences qu'elle repousse elle-même, l'arrêté qu'il aura ainsi rendu sera illégal, et ne peut par
conséquent lier les citoyens non plus que les Tribunaux.

Les premiers arrêts rendus sur cette question émanent

de la Cour royale d'Orléans (1) et reconnaissent au Préfet le droit d'ajourner l'ouverture de la chasse sur les propriétés couvertes de leurs récoltes, bien qu'elle soit déclarée ouverte dans la localité.

La jurisprudence établie par cette Cour fut vivement critiquée; aussi accueillit-on avec plus de faveur un arrêt de la Cour royale de Poitiers (2) qui admit l'opinion diamétralement opposée, et résolut dans notre sens les deux questions que nous avons soulevées. Ainsi, non-seulement cette Cour dénie au Préfet le droit d'interdire la chasse sur certaines propriétés, mais encore elle déclare qu'un arrêté rendu dans ce but n'est pas obligatoire. On désirait que cette question fût soumise à la Cour de cassation; elle en fut, en effet, saisie sur le pourvoi du Procureur du Roi de Tours, formé contre un jugement du Tribunal de police correctionnelle de de cette ville qui avait renvoyé un chasseur dans ces mêmes circonstances (3). Elle n'hésita pas à admettre les motifs que nous avons développés pour la négative, et le jugement de Tours fut maintenu. On regardait cette question comme définitivement résolue, puisque la Cour de cassation devait se prononcer sur les systèmes si contraires et si nettement posés des Cours royales d'Orléans et de Poitiers; cependant elle ne tarda pas à se représenter devant le Tribunal de police correctionnelle de Versailles, qui renvoya le prévenu en se conformant à la jurisprudence de la Cour de cassation. Mais la Cour royale de Paris saisie par appel, infirma le jugement, et,

(1) *Journal du Palais,* année 1845, t. I, p. 11.
(2) Même ouvrage,　　　　—　　　—　p. 360.
(3) Même ouvrage,　　　　—　　　t. II, p. 505.

sans s'arrêter aux motifs si puissants adoptés par la Cour régulatrice, vint faire revivre le système des deux premiers arrêts de la Cour d'Orléans. Cette question ne semble donc pas encore entièrement vidée : espérons qu'elle sera encore soumise à la décision de la Cour de cassation, qui persistera, nous en sommes persuadé, dans son interprétation, et fixera ainsi l'opinion des Cours royales. Nous devons ajouter que, par un arrêt récent (1), la Cour royale d'Orléans, qui la première et par deux arrêts avait adopté l'opinion que nous combattons, vient d'admettre le système de la Cour suprême.

CHAPITRE IV.

De la qualité de Propriétaire.

Le permis de chasse donne le droit de chasser sur ses propriétés et sur les propriétés d'autrui, à la condition d'y être autorisé par le propriétaire. Il ne faut pas croire cependant que le droit de chasse soit inhérent au droit de propriété. M. Luneau a donné sur ce point à la Chambre des Députés les explications les plus complètes. En effet, le permis de chasse est accordé à tous, abstraction faite de la qualité de propriétaire; ce droit appartient à tous les habitants d'une même commune sur les chemins publics, sur les communaux; enfin, le fait de chasser sur le terrain d'autrui ne constitue un délit que lorsque le propriétaire a manifesté son défaut de consen-

(1) 10 mars 1846.

tement. La restriction se rapporte donc plutôt à l'exercice du droit qu'à sa nature.

Le fermier a-t-il le droit de chasser sur les biens qui lui sont affermés? Cette question a été vivement débattue par la jurisprudence et la doctrine. Les uns accordent ce droit au fermier à l'exclusion du propriétaire ; d'autres concurremment au propriétaire et au fermier ; enfin, une troisième opinion, celle qui a été le plus généralement adoptée et qu'on ne conteste plus aujourd'hui, reconnaît au propriétaire, à moins de stipulation expresse, le droit de chasse à l'exclusion du fermier.

Lors de la discussion de la loi nouvelle, on s'attendait à voir intervenir une décision législative qui réglât ce point important. Le projet cependant était muet à cet égard ; M. de La Plesse sollicita des explications. M. le Garde des sceaux s'opposa vivement à ce qu'on s'occupât de cette question, par cette raison, que la Chambre était saisie d'un projet de loi sur la police de la chasse et non sur l'exercice du droit de chasse. La question resta donc ce qu'elle était sous la législation ancienne ; mais la jurisprudence est irrévocablement fixée : cette question ne fait donc plus doute aujourd'hui. D'un autre côté, la loi nouvelle, ne parlant que du propriétaire et ne s'occupant nullement du fermier, semble ratifier l'opinion généralement admise.

Le propriétaire, s'il conserve la faculté de chasser sur la propriété qu'il a affermée, peut donc céder son droit, et le fermier est tenu de laisser chasser le cessionnaire. Ce droit n'est pas aussi étendu cependant que si la propriété n'était pas affermée; en effet, nous avons vu plus haut que le propriétaire, ou tout individu pourvu de son autorisation, pouvait se livrer à la chasse, même de manière à compromettre les fruits et récoltes des terres qu'il parcourait : il use et abuse de sa chose. Mais, si la propriété est affermée, la même faculté ne lui appartient plus ; il a aliéné une jouissance qu'il ne peut restreindre. La Cour de cassation (1) a eu l'occasion d'appliquer ce principe. Elle a décidé que le fermier avait une action contre toute personne qui, en chassant, porterait préjudice à son exploitation. Elle a fait une distinction très-sage en jugeant que chasser sur un terrain ensemencé avec l'autorisation du propriétaire, ce n'est pas commettre un délit de chasse, mais une contravention de police qui donne lieu à une amende de 1 à 5 fr. Elle a infirmé un arrêt de la Cour royale de Poitiers qui n'avait pas admis cette distinction et avait reconnu un fait de chasse.

Le chasseur muni de l'autorisation du fermier de la chasse doit-il encore se faire autoriser par le propriétaire ?

Cette question a incontestablement un grand intérêt pratique : elle s'applique à un fait qui se renouvelle constamment dans les rapports des chasseurs entre eux. Cependant elle ne présente aucune difficulté ; car il n'est pas possible de soutenir que les droits du propriétaire pourront être annihilés par cette circonstance, que la chasse serait affermée et que le fermier ne se plaindrait pas. Il importe au propriétaire de ne pas permettre la destruction de son gibier. La Cour de cassation (2) a so-

____

(1) *Journal du Palais,* année 1845, t. II, p. 298.

(2) Même ouvrage, — t. I, p. 129.

lennellement consacré ces principes par deux arréts rendus dans la même espèce.

Cependant l'opinion contraire s'appuie sur quelques arréts de Cours royales et se justifie par ces considérations, que le propriétaire a aliéné son droit de chasse, et qu'il ne conserve aucune action qui y soit relative; que ce droit, n'étant pas personnel de sa nature, peut être cédé par celui qui l'a acquis. A ces objections nous répondrons par un des motifs de la Cour suprême :

« Attendu que peu importe que la chasse de cette
« forêt eût été affermée et que le fermier ne se plaignît
« pas, le silence du fermier ne pouvant nuire à la com-
« mune, qui a intérêt à la conservation du gibier, ni
« arrêter l'administration forestière, qui est chargée de
« la poursuite de tous les délits forestiers..... »

Il est vrai que, dans toute concession de droit de chasse, on déroge formellement à ce principe, qui rendrait les adjudications dans les bois sinon impossibles, du moins sans intérêt. Le cahier des charges contient une clause par laquelle l'adjudicataire a le droit de conduire un certain nombre d'amis avec lui : sa présence est une autorisation tacite; il doit nécessairement faire partie de la chasse.

CHAPITRE V.

Des différents Modes de Chasse.

La loi nouvelle ne reconnaît que deux modes de chasse pour le gibier sédentaire : la chasse à tir et à courre, pendant le jour seulement. Elle interdit donc tous ces instruments qui rendaient la chasse si destructive sous la loi ancienne. Les moyens ingénieux qu'on découvrait tous les jours conduisaient inévitablement à la destruction du gibier. On a voulu protéger la propriété et l'agriculture, qui n'ont pas, suivant les paroles du ministre, de plus grands fléaux que les abus résultant du braconnage.

Et non-seulement l'usage des engins ou instruments prohibés est un délit, mais encore le fait seul d'en être détenteur. On a voulu ainsi atteindre plus sûrement les braconniers dont les habitudes sont bien notoires, mais qui sauraient toujours éluder les recherches et ne pourraient être pris en flagrant délit. Cette disposition, aussi simple qu'exclusive, a pourtant donné lieu à quelques difficultés, notamment en ce qui concerne les petits oiseaux; on s'est demandé si on ne pouvait pas se livrer à cette chasse par tous les moyens qui conviendraient au chasseur. Le doute vient de ce que la loi, par une disposition particulière, accorde au Préfet le droit de prendre des arrêtés concernant la destruction des oiseaux; on en a tiré cette conséquence, que la chasse des oiseaux est en dehors de la chasse de tout autre gibier; que si le Préfet la règle par un arrêté, c'est dans le seul but d'en prévenir la destruction, et qu'à défaut de cet arrêté on peut, sans commettre un délit, se livrer par tous les moyens possibles à la chasse des petits oiseaux. Nous déclarons, quant à présent, que cette opinion est erronée, et que cette chasse est soumise aux dispositions communes à l'exercice du droit de chasse; nous examinerons, au chapitre relatif à la destruction des petits oiseaux, les raisons qui viennent à l'appui de cette opinion.

Le miroir est-il considéré comme un appât ou engin qui doive être rangé parmi les instruments prohibés, de telle sorte que la chasse au fusil constitue un délit lorsqu'elle a lieu à l'aide d'un miroir?

On ne saurait d'abord considérer le miroir comme un appât; car la loi n'a eu en vue que ce qui peut servir de moyen principal de destruction; mais ce qui a pu laisser quelque doute, c'est le défaut de définition du mot *engin*. On a craint, avec de justes motifs, de ne pas trouver une définition assez complète. Tous les jours l'industrie aurait créé de nouveaux engins, qui ne pouvaient être prévus; il valait beaucoup mieux procéder par exclusion. Du reste, il est constant, d'après la discussion devant les Chambres, qu'on ne doit appeler *engin* que tout instrument destiné à prendre ou à tuer le gibier par lui-même, tandis que le miroir est un accessoire de la chasse; il n'a d'autre but que d'attirer le gibier. On pourrait, jusqu'à un certain point, le ranger dans la catégorie des appeaux, appelants ou chanterelles, qui, comme lui, amènent le gibier à la portée du chasseur; mais ces derniers sont formellement exclus de la chasse à tir, tandis qu'il n'est pas question du miroir; ce sont ces motifs qui ont déterminé la Cour royale de Grenoble à renvoyer (1) deux chasseurs armés de fusils et se servant d'un miroir, contre lesquels un procès-verbal avait été dressé.

(1) *Journal du Palais*, année 1845, t. II, p. 67.

CHAPITRE VI.

Du Droit du Propriétaire sur ses Terres closes et attenantes à une habitation.

Nous avons examiné les conditions qui régissent l'exercice de la chasse : le permis, l'ouverture, la qualité de propriétaire ou l'autorisation de ce dernier, enfin l'emploi des modes de chasse reconnus ; il nous reste à examiner les dérogations que la loi apporte à ces prescriptions : nous commencerons par celles introduites en faveur des propriétaires.

La disposition de la loi qui accorde aux propriétaires ou possesseurs de terrains attenants à une habitation et entourés d'une clôture continue faisant obstacle à toute communication avec les héritages voisins un droit exceptionnel, n'a pas été adoptée sans une vive discussion. Ceux qui la combattaient, et à leur tête MM. Maurat-Ballange et Luneau, ont prétendu que c'était un privilége aristocratique qu'on voulait créer. Mais ces objections, quelque justes et quelque favorables qu'elles paraissent, n'ont pu l'emporter sur les considérations qui ont déterminé les auteurs du projet, et dont la plus importante consiste dans l'inviolabilité du domicile ; l'enclos attenant à une habitation est-il autre chose que l'habitation elle-même ? La Chambre des Pairs allait plus loin : elle voulait étendre ce principe à tous les enclos, quels qu'ils fussent. C'était revenir à la législation de 1790 et donner trop d'extension à l'exception. Du reste, l'inconvénient que nous signalions n'existe plus ici ; le chasseur pourra être vu soit entrant, soit sortant de son enclos, et le domicile ne pourra être violé. Lorsque les deux conditions dont nous avons parlé sont remplies, le propriétaire peut chasser en tout temps sans prendre de permis.

La loi ne définit pas ce qu'elle entend par habitation ; mais les motifs en vertu desquels l'exception a été admise indiquent suffisamment sa pensée. C'est le respect et l'inviolabilité du domicile qu'elle proclame ; peu importe donc que la maison soit habitée continuellement ou momentanément, ou même destinée à être habitée. Mais il ne suffirait pas qu'elle pût servir à l'habitation. Il est vrai qu'en matière criminelle la circonstance qu'un vol aurait été commis dans une maison pouvant servir d'habitation est tout aussi aggravante que si la maison était véritablement habitée. Cette assimilation n'est pas établie par la loi sur la chasse ; autre chose est de déterminer la culpabilité d'un voleur par suite de tel ou tel fait qu'il a envisagé, autre chose est d'établir un droit exceptionnel.

La question s'est présentée devant la Cour de cassation (1), et les principes que nous venons d'exposer ont été pleinement admis.

« Attendu, dit l'Arrêt, que la disposition de la loi est
« fondée sur le respect dû au domicile des citoyens ;
« qu'il ne suffit donc pas, pour qu'il y ait lieu de l'ap-
« pliquer, que dans le terrain clos où on a chassé se
« trouve une construction pouvant servir à l'habitation ;
« que cette construction doit être, si elle n'est actuel-

<hr>

(1) *Journal du Palais*, année 1845, t. II, p. 125.

« lement habitée, au moins destinée à l'habitation, en
« sorte que l'enclos qui l'environne puisse être consi-
« déré comme une dépendance de l'habitation..... »

La loi ne pouvait non plus définir d'une manière précise ce qu'elle entend par clôture ; le mode de clôture
varie suivant les pays, et ses effets peuvent être bien différents. Aussi se borne-t-elle à donner un principe au
moyen duquel les Tribunaux ne peuvent se tromper
dans leur appréciation : il faut qu'elle fasse obstacle à
toute communication avec les héritages voisins. La pro-
fondeur et la largeur du fossé seraient indifférentes,
comme l'a pensé la Cour royale de Douai (1). Mais si,
par suite de travaux de maçonnerie pratiqués le long du
fossé, le chasseur ne peut atteindre le gibier sur les propriétés voisines, et si les chiens ne peuvent l'y poursuivre, ce sera le cas de reconnaître que le vœu de la loi a
été satisfait.

Le propriétaire qui, avant l'ouverture de la chasse,
tire sur son terrain attenant à une habitation et clos
conformément aux prescriptions de la loi, peut-il le
quitter pour enlever sur la propriété d'autrui le gibier
qui vient de tomber ?

Cette circonstance de l'enlèvement du gibier par le
chasseur sur le terrain d'autrui ne peut constituer un
fait de chasse, si cependant le chasseur a pris la précau-
tion de quitter son fusil, et s'est mis ainsi dans l'impos-
sibilité de tirer de nouveau cette pièce ou toute autre
qu'il trouverait sur le fonds qui ne fait plus partie de
son enclos.

____

(1) *Journal du Palais,* année 1845, t. II, p. 654.

La faculté accordée au propriétaire de chasser sur sa propriété close et attenante à une habitation est-elle si générale qu'il puisse même se servir d'engins et instruments prohibés par la loi?.

Pour l'affirmative, on dit qu'après avoir interdit la chasse avant l'ouverture et sans permis, la loi affranchit de ces prohibitions le propriétaire ou possesseur d'un enclos attenant à une maison habitée; que cette faculté est accordée sans réserves, et abandonne ainsi au propriétaire tous les moyens de chasse qu'il veut employer; que, d'un autre côté, si on se reporte toujours à la cause du privilége, on y trouve la volonté expresse du législateur de refuser tout contrôle relativement aux faits de chasse qui ont lieu sur une propriété réunissant les deux conditions déterminées. Cette opinion a été admise par les Cours royales de Besançon (1) et de Metz (2).

Sur le pourvoi du Procureur général, la Cour de cassation a repoussé le système de ces deux Cours, par des motifs que nous ne sommes pas disposé à adopter; elle a reconnu que le but de la loi étant de réprimer le braconnage et de prévenir la destruction du gibier, on a rétabli beaucoup de prohibitions qui existaient sous la législation ancienne. Sous l'empire de l'ordonnance de 1601, la détention des engins prohibés et leur emploi étaient punis de la même manière. D'un autre côté, la faculté ainsi accordée au propriétaire étant exceptionnelle, doit être restreinte dans ses limites; ainsi la disposition qui déroge au droit commun en faveur des propriétaires suit immédiatement celle qui con-

(1) *Journal du Palais,* année 1845, t. II, p. 709.
(2) Même ouvrage,   —   —   p. 711.

cerne le permis de chasse et l'ouverture; elle ne peut donc créer d'exception que sous ces deux rapports. Du reste, ce dernier système, admis par la Cour de cassation, est conforme au rapport présenté à la Chambre des députés.

« Le principe admis par la loi, disait M. le Rap-
« porteur, est que nul n'a le droit de savoir ce qui se
« passe dans un enclos attenant à une habitation. On
« pourra donc y chasser avec filets, avec appeaux, avec
« un fusil, sans qu'on ait le droit de savoir ce qui s'y
« fait.

« Mais cela ne fait point obstacle au droit du Juge
« d'instruction de décerner un mandat avec lequel on
« peut pénétrer dans le domicile. On a voulu seule-
« ment empêcher les perquisitions faites d'office par des
« agents subalternes. »

Ainsi, pour résumer cette question, nulle part la loi ne permet au propriétaire de chasser dans son enclos par tous les moyens possibles; seulement, elle ne donne pas aux agents chargés de constater les délits de chasse en général le pouvoir de constater ceux de cette nature; tandis que, lorsqu'il s'agit de la détention des instruments prohibés, le caractère du magistrat chargé de la constatation lui donnant plus de garantie, elle leur permet de pénétrer partout, et d'atteindre même dans son enclos le propriétaire qui en est détenteur.

CHAPITRE VII.

Des Oiseaux de passage et du Gibier d'eau.

La chasse des oiseaux de passage ne peut avoir lieu en même temps que celle du gibier sédentaire ; elle ne peut non plus comporter les seules modes admis par la loi. Tout ce qui concerne cette chasse doit donc être l'objet d'une disposition exceptionnelle ; aussi voyons-nous que le Préfet doit préciser, par un arrêté, l'époque à laquelle elle aura lieu et les modes dont on pourra faire emploi. Cet arrêt doit être pris sur l'avis du Conseil général, qui renseignera le Préfet sur l'état de culture des diverses parties du département, pour fixer soit l'époque de cette chasse, soit le mode qui sera employé.

La caille se trouve naturellement classée parmi les oiseaux de passage ; cependant la loi en fait une exception, et ne permet la chasse de cet oiseau qu'aux mêmes conditions prescrites pour le gibier sédentaire. M. Delespaul a fait admettre cette disposition par ce motif très-déterminant, que les habitants des départements du midi détruisaient les cailles d'une manière prodigieuse, lors de leur passage, au moyen d'instruments destinés spécialement à cette chasse, tandis que les habitants des départements du centre et du nord n'en rencontraient presque plus.

Nous avons vu, en traitant du permis de chasse, qu'il était nécessaire même pour chasser les oiseaux de passage; il nous reste à examiner si l'arrêté préfectoral pris pour interdire la chasse sur les terres couvertes de neige s'applique aussi à cette espèce de gibier.

On peut dire, pour la négative, que cette interdiction, n'ayant pas d'autre but que d'empêcher une destruction trop grande du gibier, ne saurait s'appliquer aux oiseaux de passage, qu'on ne peut espérer conserver, mais seulement au gibier sédentaire. Cette considération avait déterminé le Tribunal de Dieppe à renvoyer un chasseur prévenu d'avoir tiré des oiseaux de passage dans une prairie fréquentée seulement par eux, et en temps de neige. Mais la Cour royale de Rouen (1) a infirmé ce jugement et condamné le chasseur à une amende, par cette raison que l'interdiction étant générale, et la chasse dans les prairies n'en étant pas exceptée par l'arrêté du Préfet, lors même qu'elle ne s'appliquerait qu'aux oiseaux de passage, il y a contravention à cet arrêté.

Nous pensons que cet arrêt est conforme aux principes. Au Préfet appartient la faculté de déterminer le temps et le mode de la chasse des oiseaux de passage, comme il fixe l'ouverture et la clôture de la chasse pour tout gibier. Si donc il juge nécessaire d'interdire la chasse en temps de neige, tout ce qui ne sera pas formellement excepté de cette interdiction, par suite de l'état de culture des terres ou de leur situation, s'y trouvera renfermé et constituera une contravention à l'arrêté du Préfet.

Le gibier d'eau devait aussi faire l'objet d'une disposition spéciale; aussi le Préfet détermine-t-il, par un

_____

(1) *Journal du Palais,* année 1845, t. II, p. 697.

arrêté, l'époque à laquelle il pourra être chassé dans les marais, sur les étangs, fleuves et rivières.

Le transport et la mise en vente des oiseaux de passage et du gibier d'eau ne peuvent être empêchés pendant le temps où cette chasse est permise. C'est là une conséquence nécessaire de la faculté de chasser ; l'interdiction de la mise en vente et du colportage du gibier n'ayant pour but que de prévenir les faits de chasse en contravention avec la loi.

CHAPITRE VIII.

De la destruction des Animaux malfaisants et nuisibles. — Des Bêtes fauves.

La destruction des animaux malfaisants et nuisibles ne peut constituer un fait de chasse proprement dit. La chasse, le plus souvent, procure une satisfaction personnelle, et, sous ce rapport, on n'avait, pour en régler l'exercice, qu'à concilier les plaisirs du chasseur avec les droits de la propriété, l'intérêt de l'agriculture et les exigences du fisc. Mais lorsqu'il s'agit d'animaux qui, par leur nature, peuvent être nuisibles à l'homme ou porter préjudice à sa propriété, en les tuant il ne se livre pas à un fait de chasse : il se défend ou il défend sa propriété. Si nous rencontrons ces dispositions dans la loi sur la chasse, c'est uniquement parce qu'il pourrait arriver que, sous le prétexte de détruire ces animaux, on se livrât à des actes de chasse, et aussi pour déterminer la distinction dont nous venons de parler.

La loi nouvelle dispose que le Préfet déterminera par un arrêté les espèces d'animaux malfaisants et nuisibles que le propriétaire, possesseur ou fermier pourra en tout temps détruire sur ses terres, et les conditions de l'exercice de ce droit, sans préjudice du droit appartenant au propriétaire ou au fermier de repousser ou de détruire, même avec des armes à feu, les bêtes fauves qui porteraient dommage à ses propriétés. Nous ne nous bornerons pas à citer ces articles : nous croyons utile, au contraire, d'entrer dans quelques détails sur la faculté qui est ainsi réservée aux propriétaires, et nous résoudrons différentes questions qui se rattachent, quoique de loin, aux dispositions de la loi sur la chasse.

Cet article constitue le droit accordé au propriétaire ou possesseur de détruire les animaux malfaisants et nuisibles, indépendamment de celui qui lui est réservé de repousser les bêtes fauves qui porteraient dommage à ses propriétés. Il reconnaît deux droits distincts, bien qu'il les comprenne dans une disposition unique et assez confuse. L'un est accordé dans un but d'intérêt général, l'autre dans un but d'intérêt particulier; le premier est réglé, le second ne l'est pas.

Certains animaux sont, par leur nature, malfaisants et nuisibles. Tout propriétaire ou tout possesseur a, en conséquence, le droit de les poursuivre, de les attaquer, même lorsqu'ils seraient inoffensifs ; enfin, il a le droit de les rechercher sur ses propriétés. On conçoit que cette faculté se rapproche beaucoup de l'exercice de la chasse, et qu'un propriétaire ou fermier d'une grande étendue de terrain pourrait impunément se livrer en tout temps à des actes de chasse. Aussi la loi exige-t-elle que ce qui concerne la destruction de ces animaux soit réglé à l'avance par le Préfet. Le plus souvent, l'arrêté ne fait qu'indiquer les animaux qui seront considérés comme malfaisants et nuisibles ; il n'impose au propriétaire qu'une seule condition, celle de déclarer à la mairie quelles sont les propriétés sur lesquelles il entend exercer ce droit ; l'attention de l'autorité ainsi éveillée, il sera facile de prévenir les abus qu'on voudrait faire résulter de cette faculté.

Quant au droit de repousser les bêtes fauves, il est restreint au droit de légitime défense. Le propriétaire se trouve en présence d'un animal qui lui cause des dégâts, le plus pressant est de le repousser ou de le tuer. Il ne doit pas s'enquérir des prescriptions du Préfet relativement au mode à employer ; il défend sa chose, il reste dans son droit. Il s'agit ici d'un intérêt privé dont il est le seul juge. Au contraire, dans le cas qui nous occupait tout-à-l'heure, celui réglé par le Préfet, il ne s'agit pas d'un préjudice présent, privé, mais bien d'un dégât possible, non certain, et qui peut résulter aussi bien pour son voisin que pour soi, puisqu'on recherche et on attaque des animaux qui, le plus souvent, ne font que traverser une propriété.

Sous cette qualification de *bêtes fauves,* on entend tous les animaux destructeurs de récoltes. Les pigeons s'y trouvent naturellement compris, et le propriétaire pourra les tuer sur ses terres lorsqu'ils dévasteront ses récoltes, et au moment même du dommage. Mais s'ils étaient désignés par l'arrêté du Préfet dans la catégorie des animaux malfaisants et nuisibles, on pourrait les tuer en tout temps, même lorsqu'ils ne feraient que s'abattre, sans causer aucun préjudice, en se conformant, du reste, aux prescriptions de cet arrêté.

Est-il nécessaire d'être pourvu d'un permis de chasse, pour détruire sur ses terres les animaux malfaisants et nuisibles, conformément à l'arrêté du Préfet?

Evidemment non. Le permis de chasse est un impôt prélevé sur le riche : il ne pouvait s'appliquer à celui qui défend ses propriétés et celles d'autrui en détruisant les animaux qui peuvent leur porter préjudice. Il conviendrait mieux, et cela arrive en plusieurs cas, d'accorder une prime à ceux qui rendent ainsi un service notable à l'agriculture.

Du reste, l'expression *détruire* a été substituée, sur la demande de M. Crémieux, député, à celle de *chasser* qui se trouvait dans le projet. Cette distinction résulte aussi des circulaires ministérielles; nul doute ne peut donc exister à cet égard. Cependant la Cour royale de Rouen (1) a eu à décider cette question sur un appel interjeté par le ministère public; mais elle n'a pas hésité à adopter ce principe, qui ressort si évidemment de la loi, de la discussion devant les Chambres et des circulaires ministérielles.

CHAPITRE IX.

De la Louveterie.

La louveterie a été instituée par un arrêté du 19 pluviôse an V. Elle se compose d'officiers et de piqueurs,

____

(1) *Journal du Palais*, année 1845, t. II, p. 122.

tenus d'être à la disposition du Préfet et d'entretenir un certain nombre de chiens. Ils sont commissionnés pour une année ; mais si, à l'expiration, ils ne sont pas remplacés, ils peuvent encore exercer leurs fonctions.

Lorsque les loups ou les sangliers causent des ravages dans une localité, le Maire en instruit le Sous-Préfet, lequel transmet la plainte au Préfet. Celui-ci prend un arrêté par lequel il ordonne qu'une battue sera faite dans les parties du département qu'il indique.

La battue est dirigée par un officier de louveterie, qui fixe le jour, l'heure et le lieu de la réunion ; il doit, à cet effet, et cette disposition se trouve rappelée dans l'arrêté du Préfet, se concerter avec le commandant de la gendarmerie, l'inspecteur des forêts et les Maires des différentes communes sur lesquelles la battue aura lieu ; il trouve dans ce concours tous les éléments nécessaires pour en assurer le succès. Des gendarmes, des gardes forestiers, des habitants y prendront part.

Les officiers et piqueurs de louveterie sont-ils dispensés du permis de chasse, en dehors des battues faites régulièrement ?

Nous ne le croyons pas. Ils n'ont aucun caractère qui puisse les en dispenser. Si, pour détruire les animaux malfaisants au moyen d'une battue, ils doivent y être invités par le Préfet qui en règle les conditions, il est incontestable qu'ils ne peuvent isolément se livrer en tout temps, sur la propriété d'autrui, à la destruction de ces animaux. La Cour royale de Nîmes a cependant admis le contraire. Suivant elle, les piqueurs commisionnés peuvent parcourir sans permis de chasse le territoire qui leur est assigné, et poursuivre les bêtes fauves. Il n'y 'a pas de textes de lois ni décrets qui autorisent cette poursuite ; ce serait, du reste, leur accorder une faculté qui dégénérerait infailliblement en braconnage. D'ailleurs, les observations qui suivent démontreront surabondamment que l'opinion de la Cour de Nîmes est inadmissible.

Les officiers de louveterie doivent se conformer en tous points aux règlements sur la louveterie et à l'arrêté qui ordonne la battue. S'ils s'en écartent, ils commettent évidemment un délit de chasse. Ainsi, la Cour royale d'Orléans a jugé que lors même qu'ils soupçonneraient la présence d'animaux nuisibles dans des bois particuliers, ils ne pourraient les poursuivre sans s'être fait autoriser préalablement.

Les battues peuvent être faites cependant aussi bien dans les bois particuliers que dans les bois de l'Etat, puisqu'elles ont lieu dans un but d'intérêt public. Les propriétaires sont donc tenus de les tolérer, mais en s'assurant par leurs gardes que les batteurs se conforment bien aux prescriptions qui les concernent. Dans le cas contraire, ils peuvent poursuivre directement ou porter leur plainte au parquet. C'est ainsi que l'a jugé la Cour royale de Poitiers (1). Dans cette espèce, l'officier de louveterie, dûment autorisé par le Préfet, s'était borné à convoquer quelques amis pour une chasse à courre, sans se concerter avec l'inspecteur des eaux et forêts, le commandant de gendarmerie et le Maire. Le propriétaire du bois dans lequel la chasse avait lieu a obtenu une condamnation contre lui et tous ceux qui l'accompagnaient.

____

(1) *Journal du Palais*, année 1845, t. I, p. 154.

Il est reconnu par l'usage que les animaux qui sont le plus souvent l'objet d'une battue sont le loup et le renard. Le sanglier n'est pas, par sa nature, un animal essentiellement nuisible, dont la destruction importe à la généralité des propriétaires ; aussi, pour qu'il soit compris dans une battue faite dans les bois particuliers, il faut qu'il y ait une autorisation formelle. La faculté accordée aux officiers de louveterie de chasser le sanglier dans les foréts de l'Etat est exceptionnelle et ne saurait s'étendre aux bois particuliers.

CHAPITRE X.

Du chien Lévrier.

Les chiens lévriers, par leur instinct et leur conformation, sont particulièrement propres à la destruction du gibier. Aussi la loi nouvelle en interdit-elle l'emploi, si ce n'est dans un but d'intérêt général et pour la destruction des animaux nuisibles ; encore l'autorisation du Préfet est-elle nécessaire dans ce cas. Il est formellement interdit aux adjudicataires du droit de chasse de les admettre dans les bois de l'Etat, sous aucun prétexte.

Il arrive souvent que ces chiens, guidés par leur instinct, parcourent la campagne et se mettent à la poursuite du gibier. Le propriétaire du chien sera responsable, toutes les fois qu'il aura contribué volontairement à la poursuite du gibier en ne faisant rien pour l'empêcher. C'est donc une appréciation de fait laissée à la prudence des Tribunaux. Deux arrêts, l'un de la Cour royale de Nancy (1), l'autre de la Cour de cassation (2), déterminent clairement la règle à suivre dans ces circonstances. Le premier a condamné le propriétaire d'un chien lévrier qui suivait la route en voiture, tandis que le chien parcourait la campagne. Ce fait, suivant l'arrêt, constituait un acte de chasse dont le maître qui ne l'a pas empêché est légalement responsable.

La Cour de cassation, au contraire, a jugé que le propriétaire d'un chien lévrier qui se tenait chez lui pendant que son chien parcourait la campagne devait être renvoyé, parce qu'il n'y avait pas un acte de sa volonté dans les conditions déterminées par la loi pour qu'il y eût délit de chasse.

Il est bien entendu que, dans les deux cas, le propriétaire du chien est toujours responsable du dommage que celui-ci aura causé aux différents propriétaires des terrains parcourus.

Un arrêt de la *Cour royale de Douai* (3) a décidé que la loi ne distinguait pas entre les chiens lévriers de pure race et les chiens lévriers croisés : que les uns et les autres sont compris dans sa prohibition ; elle a condamné à une amende de 50 fr. un chasseur dont le chien avait été reconnu, par des experts veneurs, être le produit d'un lévrier avec un chien d'arrêt, et par sa forme appartenir davantage à cette dernière espèce canine.

(1) *Journal du Palais,* année 1845, t. II, p. 416.
(2) Même ouvrage,　　　—　　　— p. 721.
(3) Même ouvrage, année 1846, t. I, p. 479.

CHAPITRE XI.

Mise en Vente et Colportage du Gibier.

Le profit que les braconniers tiraient de la vente du gibier tué en temps prohibé devait les déterminer à de nombreuses infractions. Pour empêcher le braconnage avec plus de succès, on a interdit la vente du gibier pendant que la chasse est close ; et comme les contrevenants n'avaient pas manqué de déguiser la vente sous différentes formes, on en a même interdit le transport. Cette interdiction s'applique aussi au propriétaire, auquel la loi accorde le droit de chasser en tout temps dans son enclos attenant à une habitation. Admettre une exception en sa faveur, c'était rendre trop facile la violation de la loi.

A ces dispositions la jurisprudence en ajoute une concernant le transit. Lors même que le gibier proviendrait d'un département dans lequel la chasse est ouverte ; lors même encore qu'il aurait pour destination bien précise un département dans lequel elle est aussi ouverte, il y aurait délit dans le seul fait du transit sur une localité pour laquelle l'arrêté d'ouverture n'est pas encore rendu. La question se présenta ainsi devant le Tribunal de Troyes : Un chasseur habitant le département de la Haute-Marne, dans lequel la chasse était ouverte depuis le 1er septembre, avait envoyé à Paris, où elle était ouverte depuis le 25 août, une bourriche de gibier. Cette bourriche traversait la ville de Troyes le 6 septembre, et elle a été saisie par ce motif que la chasse n'était pas encore ouverte dans le département de l'Aube. Le Tribunal a décidé que ce fait ne pouvait constituer une contravention, puisque la destination était connue ; que, du reste, c'était astreindre les expéditeurs et les destinataires à connaître le moment précis de l'ouverture de la chasse dans tous les départements que le gibier doit traverser, ce qu'on pouvait ne pas prévoir, puisque l'itinéraire d'une diligence n'est pas toujours le même. Sur l'appel, la Cour royale de Paris (1) a infirmé ce jugement, malgré les conclusions de M. l'avocat général Ternaux, qui, eu égard à la bonne foi du conducteur, et en considération des motifs admis par le jugement du Tribunal de Troyes, avait conclu à sa confirmation. La rigueur de cet arrêt peut être attribuée aux termes du rapport de M. Lenoble à la Chambre des Députés. Il s'exprimait ainsi :

« Dans toutes les prohibitions relatives à la mise en
« vente et au colportage du gibier, il n'y a pas lieu
« d'admettre une excuse, même celle qui s'appuierait
« sur la provenance légitime du gibier.

« Le gibier tué dans un département où la chasse est
« permise ne pourra donc être ni transporté, ni acheté,
« ni vendu dans le département voisin où la chasse sera
« prohibée.

« Il faut donc reconnaître que, dans aucun cas, il ne
« pourra y avoir acquittement. La possession du gibier
« constatée hors du domicile est toujours un délit. Le
« fait seul de l'existence du gibier, dans ce cas, consti-
« tue le délit d'une manière absolue. »

(1) *Journal du Palais*, année 1845, t. II, p. 258.

Quelque généraux que soient ces termes, nous persistons à penser que l'application qui en est faite est fausse. En effet, ce rapport tend à interdire la vente, l'achat et le colportage du gibier dans un département dans lequel la chasse n'est pas ouverte, même lorsqu'il proviendrait d'un département dans lequel il est permis de chasser. Mais la circonstance du transit est bien différente ; le gibier, une fois sa destination reconnue, n'a pas dû être vendu, colporté ou seulement mis en vente : il ne fait que passer, par la force des choses, et ne laisse aucune trace.

Il faut espérer que la jurisprudence ne sera pas fixée par cet arrêt, qui nous semble contraire aux vrais principes, soit en matière criminelle, soit en matière de chasse.

La même Cour royale de Paris (1) a rendu, sur le colportage et la mise en vente des oiseaux de passage, un arrêt qui soumet avec raison ce gibier aux dispositions dont nous venons de parler. Il s'agissait d'un conducteur de la diligence de Besançon à Paris, lequel avait pris à Dijon, à destination de Paris, une bourriche remplie de gibier de passage. Or, cette chasse était bien autorisée à Dijon, lieu de la provenance, mais elle ne l'était pas à Paris, lieu de la destination ; une condamnation a été prononcée nécessairement. Nous avons déjà vu que les oiseaux de passage étaient compris dans l'interdiction de chasse en temps de neige ; c'est en vertu du même principe qu'on leur applique les dispositions sur la mise en vente et le colportage.

La faculté de vendre et transporter le gibier doit exis-

____

(1) *Journal du Palais*, année 1845, t. II, p. 708,

ter pendant tout le temps de l'ouverture de la chasse, puisqu'elle n'est retirée que par suite de ce que le gibier aurait une origine illicite. Dès lors, tant que la chasse est ouverte, fût-elle même restreinte par un arrêté du Préfet, le gibier peut être transporté et vendu.

La Cour royale de Besançon (1) a appliqué ces principes dans l'espèce suivante :

Le Préfet du Doubs avait d'abord fixé la clôture de la chasse au 15 février 1845. Puis il prit un nouvel arrêté par lequel il autorisait la chasse à courre, avec chien seulement, jusqu'au 15 mars suivant. Les chasseurs ne devaient pas être armés, les chiens seuls pouvaient capturer le gibier.

Cependant un sieur Gobry déclara à l'octroi être porteur d'un lièvre qui fut reconnu avoir été atteint d'un coup de feu. Procès-verbal fut dressé; mais, sur la poursuite, la Cour royale de Besançon a renvoyé le prévenu.

Une décision identique a été prononcée par la Cour royale de Grenoble (2). Il s'agissait de la vente et du transport d'un lièvre qui avait été pris au moyen d'engins prohibés. Elle a aussi renvoyé le prévenu, par ce motif qu'il n'y avait délit dans la vente et le transport du gibier qu'autant que la chasse était interdite, mais que nulle part la loi n'ordonne de rechercher par quels moyens le gibier a été pris. Cependant il existait un arrêté du Préfet qui interdisait la vente et le colportage du gibier pris par le moyen d'instruments prohibés; mais cet arrêté, ayant été rendu hors des limites des attributions

(1) *Journal du Palais,* année 1845, t. II, p. 708.
(2) Même ouvrage,   —   —   p. 120.

du Préfet, ne pouvait lier en rien les tribunaux et les citoyens. Nous avons déjà eu l'occasion de rappeler ce
principe relativement aux arrêtés préfectoraux interdisant la chasse sur les propriétés non dépouillées de leurs
récoltes.

La mise en vente des conserves de gibier pourra-t-elle
avoir lieu en temps prohibé?

La difficulté paraît grave, surtout en considération de
la rigueur avec laquelle la jurisprudence interprète la
loi. Elle a de l'intérêt, car elle a trait à une des innovations les plus importantes de la loi nouvelle et concerne
une industrie très-importante.

L'interdiction de la mise en vente du gibier est, selon
les uns, absolue. Elle ne distingue pas entre le cas où
le gibier a été tué lorsque la chasse était ouverte, et celui où il l'aura été en temps prohibé. Dans l'intérêt de
l'agriculture et pour anéantir le braconnage, elle ne veut
pas donner issue à l'équivoque; c'est ainsi qu'elle n'a
pas voulu que le gibier étranger fût admis à la douane et
livré à la circulation. Elle n'a pu permettre non plus
que, sous prétexte de conserves, on vendît toute l'année
du gibier provenant d'un délit. Telles sont les raisons
qui ont déterminé le Tribunal de Rouen à condamner
un marchand de comestibles du Havre. La Cour de Rouen
a infirmé ce jugement, et la question a été déférée à la
Cour de cassation. M. l'avocat général Quesnault a traité
à fond cette question : ses conclusions tendaient à incri-
miner le fait d'être détenteur de conserves; mais elles
n'ont pas été admises.

La Cour de cassation (1) a fait une juste application des

(1) *Journal du Palais*, année 1845, t. I, p. 374.

principes de la matière. Elle s'est dégagée de toute préoccupation de braconnage et d'appréhensions exagérées relativement à l'agriculture ; et nous somme certain que si l'arrêt de la Cour de Paris relatif au transit du gibier lui avait été déféré, elle l'eût infirmé. Elle s'est déterminée par deux motifs qui sont également décisifs.

Le premier résulte de la disposition de la loi qui veut que le gibier soit saisi avant la poursuite et transporté à l'établissement de bienfaisance le plus voisin. Il est évident qu'elle ne peut s'appliquer qu'au gibier exposé à se corrompre, et non pas à celui destiné à une consommation qui peut être très-reculée ; le second résulte de ce principe, que si la vente du gibier constitue un délit pendant que la chasse est interdite, c'est précisément parce que le gibier ne peut provenir que d'un délit ; tandis qu'à l'égard des conserves, dont la préparation peut remonter à une époque éloignée, cette présomption manque entièrement.

CHAPITRE XII.

Interdiction de la Chasse en temps de Neige.

La chasse étant considérablement destructive lorsque la terre est couverte de neige, on a dû, dans l'intérêt de la conservation du gibier, autoriser le Préfet à en restreindre l'exercice. Le plus souvent, elle est toujours tolérée dans les bois et interdite seulement en plaine ; mais cette interdiction doit-elle, dans ses effets, être considérée comme une clôture de la chasse relativement aux propriétés auxquelles elle s'applique, ou seulement comme une condition modifiant les conséquences de l'ouverture de la chasse ?

On comprend facilement l'intérêt de cette question. Si on décide que la chasse est close, les faits de chasse commis en temps de neige seraient considérés comme l'ayant été en temps prohibé, et, d'un autre côté, il y aurait lieu à l'application des dispositions sur la vente et le colportage du gibier. La difficulté est grave, mais la Cour de cassation l'a tranchée en termes précis par deux arrêts (1). Elle a décidé que la prohibition relative au colportage et à la mise en vente du gibier n'a lieu que pendant la clôture de la chasse, et non pendant le temps où elle est momentanément interdite en vertu d'un arrêté spécial du Préfet. M. le Ministre des sceaux, consulté à cet égard, a trouvé ces décisions conformes à l'esprit de la loi. Cette opinion est basée sur la distinction à faire dans les prohibitions générales établies par la loi elle-même dans tout le royaume et les prohibitions particulières établies pour chaque département par le Préfet, en vertu des pouvoirs que la loi lui confère. Or, l'interdiction relative au colportage est comprise dans les prohibitions générales de clôture de la chasse, c'est-à-dire pendant le temps qui précède l'ouverture et qui suit la clôture ; elle ne peut donc s'attacher à une prohibition particulière introduite par le Préfet.

Ceci résulte encore des dispositions pénales de la loi ; car si la question était résolue différemment, s'il était interdit de colporter du gibier en temps de neige, la

_____

(1) *Journal du Palais*, année 1845, t. II, pp. 49 et 281.

même peine ne serait pas appliquée à deux délits identiques. En effet, nous verrons plus tard que celui qui vend ou colporte du gibier en temps prohibé est puni d'une amende de 50 à 200 francs, et peut être condamné, en outre, à un emprisonnement de 6 jours à 2 mois, tandis que celui qui chasse en temps de neige n'est passible que d'une amende de 16 francs à 100 francs, sans emprisonnement. Il y aurait donc une anomalie par trop flagrante à punir celui qui tue le gibier, et par conséquent le transporte, beaucoup moins sévèrement que celui qui ne fait que le transporter.

Disons donc que le fait de colporter et mettre en vente le gibier en temps de neige ne peut constituer un délit. Du reste, dans l'application, on ne pourrait, sans commettre bien des vexations et des injustices, interdire ce transport ; d'après la situation ou l'élévation des terres, il peut arriver que, dans un même canton, certaines localités soient couvertes de neige ; tandis qu'il n'en serait pas tombé sur d'autres. Une pièce de gibier ne peut-elle pas avoir été tuée sur des propriétés non couvertes de neige, par un chasseur dans la commune duquel il en sera tombé avant son retour ?

Mais que déciderons-nous relativement à la confiscation du fusil ? Sera-t-elle prononcée, comme il arrive lors des condamnations pour fait de chasse en temps prohibé ?

Si nous appliquons les principes que nous venons de développer, nul doute que la confiscation ne puisse être prononcée. En effet, l'interdiction de chasser en temps de neige n'est pas une prohibition générale de la loi, mais seulement une prohibition particulière, facultative, de la part du Préfet; et la confiscation de l'arme, qui s'attache à la prohibition générale de chasser avant l'ouverture, ne peut s'attacher à une prohibition particulière de chasser en temps de neige. L'arme ne peut être saisie lorsqu'on se trouve dans ces deux circonstances, que la chasse est ouverte et que le chasseur est muni d'un permis de chasse. Or, la chasse est-elle close sur les propriétés couvertes de neige, par l'arrêté qui l'interdit pendant ce temps? telle est la seule question à résoudre, et nous l'avons résolue par rapport à la mise en vente et au colportage du gibier. Il y aurait encore cette anomalie dans l'application des dispositions pénales, que, pour chasser en temps prohibé, l'amende s'élève au maximum de 200 francs avec emprisonnement, tandis que, pour chasser en temps de neige, en contravention à l'arrêté du Préfet, la condamnation ne peut s'élever qu'au maximum de 100 francs, sans emprisonnement.

La loi, en établissant une différence si considérable dans la répression de deux délits, ne peut vouloir que la confiscation de l'arme applicable à l'un le soit à l'autre. Ce n'est pas ainsi, cependant, que l'a décidé la Cour royale d'Orléans (1). Elle a infirmé un jugement de police correctionnelle qui n'avait pas, dans ces circonstances, prononcé la confiscation du fusil; elle s'est déterminée par ces motifs, qu'il convient de rapporter :

« Attendu que vainement les premiers juges préten-
« dent qu'en présence d'un permis, l'arrêté produit
« seulement une circonstance accidentelle ne consti-
« tuant pas le temps prohibé;

____

(1) *Journal du Palais,* année 1845, t. I, p. 180.

« Qu'en effet, chargés de fixer l'époque de l'ouver-
« ture et celle de la clôture de la chasse dans chaque dé-
« partement, les Préfets ont, en outre, le droit d'in-
« terdire la chasse soit sur des terres non dépouillées de
« leurs récoltes, dans l'intérêt de l'agriculture, soit en
« temps de neige, pour la conservation du gibier ;

« Qu'en matière de chasse on ne reconnaît que des
« suspensions accidentelles ou périodiques ;

« Qu'on ne peut, sans abuser des mots, distinguer
« entre les cas où la chasse est prohibée et celui où elle
« n'est pas autorisée ;

« Attendu que l'argument tiré des peines infligées
« n'est pas mieux fondé ; que dans plusieurs articles du
« Code pénal la peine accessoire n'est pas proportion-
« née à la peine principale ;

« Que le législateur de 1844 a donc pu punir d'une
« amende de 50 francs à 200 francs et d'un emprison-
« nement de 6 jours à 2 mois l'individu qui chasse en
« temps prohibé d'une manière générale, et ne pronon-
« cer qu'une amende de 16 à 100 fr. contre ceux qui
« contreviennent aux arrêtés préfectoraux, mais, dans
« les deux cas, vouloir la confiscation des armes.... »

La même décision a été rendue par la Cour royale
de Caen, par deux arrêts (1), et la Cour de cassation a
confirmé cette jurisprudence. Nous préférons les motifs
donnés par la Cour de cassation à ceux de la Cour
royale d'Orléans, que nous avons rapportés. Nous y re-
trouvons l'erreur dans laquelle était alors tombée cette
Cour relativement à la faculté qu'elle reconnaît au Pré-

____

(1) *Journal du Palais,* année 1845, t. II, p. 566.

fet d'interdire la chasse sur les propriétés couvertes de leurs récoltes; nous savons qu'elle en est revenue; et, puisqu'elle résout cette dernière difficulté par les mêmes principes, nous serions autorisés à contester sa jurisprudence; mais la Cour de cassation (1) se détermine par des motifs incontestables, et dont voici les principaux :

« Attendu, en droit, qu'en matière de chasse tout
« jugement de condamnation doit prononcer la con-
« fiscation des armes; qu'il n'y a d'excepté que le cas où
« le fait sur lequel a porté ce jugement a été perpétré
« par un individu muni d'un permis dans le temps où
« la chasse est *autorisée;*

« Attendu qu'on ne saurait comprendre dans cette
« exception le cas de contravention à un arrêté préfec-
« toral qui interdit de chasser en temps de neige; que
« cet arrêté doit produire les mêmes effets quant à la
« règle de la confiscation de l'arme et pendant la durée
« de la suspension momentanée qu'il a eu spécialement
« en vue; qu'un arrêté ayant pour objet la clôture gé-
« nérale de la chasse; que la mesure de la confiscation
« de l'arme est la peine commune de la résistance des
« contrevenants aux injonctions légales de l'autorité
« publique..... »

Cette question est donc résolue définitivement, et la confiscation de l'arme sera nécessairement prononcée toutes les fois qu'il y aura fait de chasse en temps de neige; s'il existe un arrêté préfectoral qui l'empêche, le principe que nous exposions relativement au colportage

(1) *Journal du Palais,* année 1845, t. II, p. 672.

en temps de neige n'est pas altéré par cet arrêt ; car la loi ne dit pas que l'arme sera confisquée lorsque la chasse n'aura pas été *ouverte*, mais toutes les fois qu'elle ne sera pas *autorisée*. Ainsi, suivant la Cour de cassation, la confiscation de l'arme s'attache aussi bien aux prohibitions particulières qu'aux prohibitions générales, à la différence des dispositions sur la mise en vente et le colportage.

CHAPITRE XIII.

Des Mesures propres à prévenir la Destruction des petits Oiseaux.

Nous avons déjà dit, en traitant des modes de chasse autorisés par la loi, que la chasse des oiseaux sédentaires ne pouvait avoir lieu qu'à tir, et qu'on ne pouvait, en l'absence de tout arrêté du Préfet les concernant, se croire autorisé à les prendre par tous les modes ou instruments possibles.

Les dispositions exceptionnelles dont les petits oiseaux sont l'objet, ne peuvent qu'avoir un effet restrictif. Chacun sait qu'ils rendent de grands services à l'agriculture, en détruisant les insectes qui, dans certaines années, dévastent les récoltes de toute une contrée. Depuis longtemps les Commissions d'agriculture et plusieurs Conseils généraux avaient émis le vœu qu'on mît fin à la destruction des petits oiseaux, surtout depuis que, par suite des instruments de tous genres que l'industrie créait, ils disparaissaient d'une manière effrayante. Dans plusieurs localités, les Préfets et les Maires prenaient des dispositions à cet égard. Aussi ne peut-on aujourd'hui révoquer en doute que si les petits oiseaux sont l'objet d'une exception, ce ne peut pas être par cette raison que si l'exception n'est pas déclarée, il sera de droit commun de les chasser par tous les moyens possibles, mais parce qu'il peut être nécessaire d'en restreindre la chasse ou même de la suspendre.

La Cour royale de Riom (1) a cependant décidé le contraire, par suite d'un renvoi pour cause de cassation, et a maintenu le jugement qui avait été cassé, sans vouloir admettre les motifs justement fondés de la Cour suprême. Elle avait été déterminée par ces considérations, dont nous avons établi la fausseté, que le Préfet, ayant le droit d'interdire la chasse des petits oiseaux, il s'ensuit que, s'il ne le fait pas, cette chasse devient licite, et aucun mode n'étant prescrit plutôt qu'un autre dans l'intérêt de leur conservation, tous pouvaient être employés.

Cette jurisprudence ne pouvait être admise par les autres Cours royales; aussi voyons-nous que celle de Paris (2) a adopté les motifs posés par la Cour de cassation que nous rapportons :

« Considérant que la loi du 3 mai 1844 n'admet et
« ne reconnaît en principe que les deux modes de
« chasse à tir et à courre; que tous autres moyens, à
« l'exception des furets et des bourses destinées à pren-
« dre les lapins, sont formellement prohibés;

« Que de l'ensemble des dispositions de ladite loi il
« résulte que le mot *chasse* s'entend de la poursuite

« de tout gibier, en y comprenant même les oiseaux ;

« Que la défense de la chasse des oiseaux du pays ou
« sédentaires, à l'aide de filets ou par tout autre mode
« que la chasse au fusil, a été prononcée d'une manière
« absolue, et qu'il n'y a d'exception qu'à l'égard des
« oiseaux de passage, pour la chasse desquels les au-
« tres modes ou procédés doivent être autorisés d'une
« manière spéciale ;

« Que si néanmoins les Préfets ont le droit de pren-
« dre des arrêtés pour prévenir la destruction des oi-
« seaux sédentaires, cette disposition, loin de restrein-
« dre les dispositions générales de la loi, n'a pour but,
« au contraire, que de les accroître ;

« Qu'ainsi la chasse, même des oiseaux du pays, ne
« peut avoir lieu qu'à l'aide du fusil, à l'époque où la
« chasse est ouverte, avec un permis de chasse réguliè-
« rement délivré, et, en outre, sous des conditions im-
« posées pour toute espèce de chasse sans distinction. »

La Cour royale d'Angers a aussi rendu un arrêt contraire à celui que nous venons de rapporter ; mais il est
de beaucoup antérieur : elle a renvoyé des poursuites
un chasseur prévenu d'avoir pris des oiseaux à la glu,
par les motifs qui avaient déjà déterminé la Cour royale
de Riom, et que nous avons examinés plus haut.

CHAPITRE XIV.

OEufs et Couvées de Perdrix, Cailles et Faisans.

Dans l'intérêt de la conservation du gibier, il était ur-
gent d'insérer dans la loi nouvelle une disposition qui

ne permit pas d'enlever ou détruire les œufs et couvées de perdrix, cailles et faisans. On sait que les nids de ces oiseaux se trouvent à la surface de la terre; ils deviennent ainsi la proie des travailleurs des champs, qui, le plus souvent, anéantissent, sans en tirer aucun avantage, une partie considérable de ce gibier. Aujourd'hui, ils s'exposeraient à une condamnation, car ils commettraient un délit.

La loi devait reconnaître encore, en cette circonstance, la prérogative de la propriété; aussi ne prohibe-t-elle, comme constituant un délit, que le fait de détruire ou d'enlever, sur les propriétés d'autrui, les œufs et couvées de perdrix, cailles et faisans.

CHAPITRE XV.

Propriétés de la Couronne.

Les propriétés de la couronne ont été affranchies des dispositions de la loi sur la chasse. La discussion qui a eu lieu à cet égard devant la Chambre des députés a excité de vives rumeurs. On se plaignait de cette dérogation au droit commun, qui permettait à un grand nombre d'individus de chasser en tout temps et sans restrictions. Le ministre a répondu que les précautions prises dans les bois de la couronne, pour la conservation du gibier, assurent sa reproduction, puisque la liste civile est tenue de payer des indemnités aux propriétaires voisins dont les récoltes sont dévastées par le gibier des forêts, en raison de la grande quantité qui s'y trouve.

Il observe encore que, sous la loi de 1790, cette exception existait déjà. Cette disposition, d'abord rejetée par la Chambre des députés, fut admise lors de la seconde discussion.

Le gibier provenant des bois de la couronne pourra, en conséquence, être transporté, même en temps prohibé. Voici les explications fournies à cet égard par le Ministre de la justice.

« On a paru craindre que l'exception qui vous est
« proposée par le gouvernement ne permît d'éluder la
« loi et de vendre impunément du gibier qui serait dé-
« claré provenir des propriétés de la couronne. La com-
« mission a déjà répondu à cette appréhension, et je
« m'associe pleinement à sa réponse. Tout gibier qui
« sera mis en vente en temps prohibé sera saisi, et le
« vendeur ne pourra évidemment s'excuser en alléguant
« que ce gibier provient des domaines de la couronne.
« Que la pensée de cet article était incontestablement
« que le gibier pût être transporté, et qu'on ne pouvait
« pas douter que les précautions nécessaires ne fussent
« prises pour que l'exercice de ce droit ne pût donner
« lieu à aucun abus. Que, du reste, il ne pouvait entrer
« dans l'esprit de personne que la couronne vendît,
« achetât ou colportât du gibier. »

M. Luneau, celui des députés qui s'était montré le plus ardent adversaire de cette exception, ayant paru craindre aussi qu'on ne se prévalût plus tard d'une disposition de l'ordonnance de 1669 qui prohibait la chasse sur les propriétés privées enclavées dans celles de la couronne, le Ministre répondit par ces explications :

« Le sens de l'exception est bien clair ; il en résulte,
« sans doute, que les propriétés de la couronne ne se-
« ront pas régies, relativement à l'exercice, par la loi
« actuelle ; mais toutes les propriétés, et, par consé-
« quent, même les propriétés enclavées, seront régies
« par cette loi. Or, comme elle donne à tout propriétaire
« la faculté de chasser dans ses propriétés, moyennant
« certaines conditions, il est évident que cette faculté
« appartiendra aux propriétaires de fonds enclavés dans
« les propriétés de la couronne comme à tous les au-
« tres. Et la raison de la différence qu'établira à cet
« égard la loi nouvelle est bien simple : dans la loi de
« 1790, l'exception était personnelle ; la loi nouvelle
« l'accorde à la chose. Ainsi les propriétaires d'encla-
« ves pourront désormais chasser dans leurs propriétés
« sans aucune espèce de difficulté. Or, nul autre ne
« pourra y chasser sans leur consentement. »

Les délits commis dans les propriétés de la couronne
sont établis par les procès-verbaux de ses agents ; ils font
foi non-seulement jusqu'à preuve contraire, mais jusqu'à
inscription de faux, cette disposition n'ayant pas été
modifiée par la loi nouvelle.

Cette exception, comme on le voit, ne fait qu'accorder un privilége que la raison seule commandait. Quoi
de plus dérisoire que d'interdire aux membres de la
famille royale la faculté de chasser le gibier qu'ils en-
tretiennent à si grands frais sur les propriétés de la couronne et d'offrir aux princes étrangers qui viennent visiter la France la satisfaction d'un plaisir auquel ils sont
tous habitués et qu'ils retrouvent partout. Du reste,

comme nous l'avons déjà observé, cette exception existait dans la loi de 1790, et on ne pouvait, en 1844, se montrer moins bienveillant pour la monarchie qu'on ne l'était alors.

CHAPITRE XVI.

De la Constatation des Délits.

Après avoir passé en revue les diverses dispositions de la loi nouvelle sur la chasse, il nous reste à examiner comment les violations en seront réprimées ; mais avant, nous devons nous arrêter un peu sur les différentes manières de les constater.

Les délits prévus par la loi sur la chasse sont constatés et prouvés par procès-verbaux, rapports et témoins.

Les procès-verbaux sont rédigés par les maires et adjoints, commissaires de police, officiers, maréchaux-des-logis ou brigadiers de gendarmerie, gendarmes, gardes forestiers, gardes pêche, gardes champêtres ou gardes assermentés des particuliers. Ceux relatifs au colportage et à la mise en vente en temps prohibé seront rédigés par les employés des contributions indirectes et des octrois.

Ces procès-verbaux n'ont pas l'effet que voulait leur faire produire la Chambre des pairs : elle voulait que les divers fonctionnaires que nous venons de désigner pussent imprimer aux procès-verbaux la foi jusqu'à inscription de faux ; c'est-à-dire que le Tribunal eût été tenu de sanctionner par un jugement les allégations contenues dans un procès-verbal, qui souvent rédigé par des individus dont elle suspectait les intentions, ne lui inspirait que peu de confiance. — On n'avait, contre cet abus, que le moyen d'inscription de faux, moyen aussi illusoire que dangereux, et auquel on avait bien rarement recours. Mais, après une vive discussion à la Chambre des députés, il fut admis que tous procès-verbaux relatifs à la chasse n'auraient de foi que jusqu'à preuve contraire, c'est-à-dire tant que le prévenu n'établirait pas, de son côté, qu'il n'est pas coupable du fait dont il est prévenu.

Les gardes forestiers se trouvant compris parmi les rédacteurs de procès-verbaux, il en résultera que, contrairement à ce qui se passe en matière forestière, leurs procès-verbaux ne feront pas foi jusqu'à inscription de faux, mais seulement jusqu'à preuve contraire ; en conséquence, on a dû dispenser les procès-verbaux qu'ils rédigent en matière de chasse de toutes les formalités de ceux en matière forestière et les assimiler à ceux des gardes champêtres. C'est ce qu'a décidé la Cour royale de Dijon (1), en validant un procès-verbal dressé par un garde forestier en matière de chasse, lequel ne savait pas lire, et s'était borné, ainsi que le prescrit la loi nouvelle, à affirmer son procès-verbal dans les vingt-quatre heures devant le Maire, tandis que, suivant les dispositions du Code forestier, lecture doit être faite au garde du procès-verbal par le fonctionnaire qui reçoit son affirmation.

La Cour de cassation (2) a cependant, par un arrêt plus

(1) *Journal du Palais,* année 1845, t. II, p. 120.
(2) Même ouvrage, — t. I, p. 742.

récent, maintenu aux agents des eaux et forêts le caractère qu'ils avaient sous la loi ancienne, relativement à la constatation des délits commis dans les forêts; elle veut que les Tribunaux y ajoutent foi jusqu'à inscription de faux. Cet arrêt nous semble contraire à la loi, dont l'esprit s'est bien clairement manifesté lors de la discussion devant la Chambre des pairs; en effet, par un article additionnel, cette Chambre maintenait pour la constatation des délits de chasse par ces agents et la foi due à leurs procès-verbaux les dispositions du Code forestier; mais, lors du renvoi devant cette Chambre, cet article a été rejeté, et les agents de l'administration forestière compris dans une seule disposition avec tous les autres. Nul doute ne peut donc exister à cet égard, et la Cour de cassation ne persistera pas probablement dans sa jurisprudence.

La Cour royale de Paris, par un arrêt tout récent, a décidé que les délits de chasse commis dans les forêts sont régis par l'arrêté de brumaire an V, comme délits forestiers, et sont en conséquence constatés et poursuivis conformément à cet arrêté. Elle reconnaît néanmoins que, par une modification de la loi nouvelle, leur procès-verbal ne fait plus foi jusqu'à inscription de faux.

Pour exciter le zèle des gardes, des gendarmes et de tous autres rédacteurs de procès-verbaux, il leur est accordé une gratification, fixée par une ordonnance royale, et prélevée sur le produit des amendes. Le surplus de ces amendes est attribué aux communes sur le territoire desquelles a été commis le délit.

CHAPITRE XVII.

De la Poursuite.

Les obligations du garde se bornent à constater, dans son procès-verbal, les circonstances du délit et l'identité du délinquant; c'est ensuite au Procureur du Roi à intenter l'action contre ce dernier. Mais si les gardes ne connaissent pas le chasseur, s'il refuse de déclarer son nom, s'il se rend méconnaissable, soit en se masquant, soit en se déguisant; enfin, s'il n'a pas de domicile connu, le garde rédacteur du procès-verbal a le droit de le conduire immédiatement devant le Juge de paix ou le Maire, qui s'assurera de son identité. C'est le seul cas où le garde puisse faire une injonction; le législateur a craint qu'un chasseur armé ne soit tenté de repousser et même d'attaquer le garde : il a voulu éviter des collisions nombreuses et déplorables; aussi les délinquants ne peuvent-ils être saisis ni désarmés.

Les Procureurs du Roi poursuivront d'office la répression des délits qui parviendront à leur connaissance soit par les procès-verbaux, soit par les rapports, soit enfin sur la plainte qui leur en serait faite. Les individus lésés peuvent même introduire une action directe en dommages et intérêts contre les délinquants, sauf au Procureur du Roi à conclure dans l'intérêt de la vindicte publique, et à demander l'application de la peine qui aurait été encourue.

Le Procureur du Roi ne pourra poursuivre les faits

de chasse sur la propriété d'autrui que sur la plainte du propriétaire, à moins qu'ils n'aient été commis dans un terrain clos et attenant à une habitation ou sur des terres non dépouillées de leurs fruits. Il est sans contredit que la plainte du propriétaire ne peut pas dans tous les cas donner lieu nécessairement à une action de la part du ministère public. Il a la faculté de poursuivre ou de ne pas poursuivre, selon que la plainte lui paraît fondée ou non.

Nous avons vu que le fait de chasser sur des terres non dépouillées de leurs fruits ou en état de clôture ne constituait un délit qu'autant qu'on n'avait pas obtenu l'autorisation du propriétaire. Si cette autorisation n'est pas représentée, le procureur du roi pourra poursuivre ; mais il sera arrêté dans son action aussitôt qu'il aura été établi, de quelque manière que ce soit, que cette autorisation aura été effectivement donnée. Mais que décider relativement aux frais qui ont été faits jusqu'au moment de cette justification ? Nous avons déjà résolu la question relativement au permis de chasse dont le chasseur ne justifiait qu'à l'audience ; les mêmes motifs se reproduisent ici. Tout individu qui n'est pas convaincu d'avoir commis le fait qui lui est reproché doit être renvoyé indemne, et il est impossible de lui faire supporter les frais sans le frapper par une condamnation, puisqu'ils en sont l'accessoire. Cette question a aussi divisé la jurisprudence. La Cour royale de Colmar (1) a décidé que le prévenu devait supporter les frais faits jusqu'au moment de la justification. Au contraire, la Cour royale de

(1) *Journal du Palais,* année 1845, t. II, p. 259.

Douai (1) a jugé que, de quelque manière que la preuve de l'autorisation soit fournie, soit par écrit, soit oralement, et à quelque époque de la procédure qu'elle ait lieu, elle anéantit à l'instant même la poursuite. Cet arrêt nous semble plus conforme aux principes ; du reste, ce système vient d'être admis par des arrêts tout récents.

Lorsqu'une plainte est portée par le propriétaire, son désistement ultérieur n'empêche pas le ministère public d'exercer l'action principale. En effet, s'il est vrai que l'action publique pour la répression de ce délit soit subordonnée à une plainte, il n'en est pas moins vrai aussi que lorsque cette plainte a été faite, l'action publique est ouverte. Dès ce moment le Procureur du Roi, auquel seul elle appartient, peut l'exercer non-seulement comme partie jointe, mais encore comme partie principale. Ainsi jugé par la Cour royale de Rennes (2).

Toute action relative aux délits de chasse doit être intentée dans le délai de trois mois, à compter du jour du délit ; ce délai passé, la prescription est acquise.

Le jour du délit est-il compris dans les trois mois ? Si on s'en rapporte strictement au texte, *à compter du jour du délit*, on peut être tenté d'admettre l'affirmative. C'est même ce qui a déterminé le Cour d'Amiens (3) à renvoyer des poursuites un prévenu auquel l'assignation avait été donnée le dernier jour du délai, mais sans comprendre dans la période du temps le jour du délit. La Cour de cassation a cassé cet arrêt, par cette raison qu'il a toujours été reconnu dans le droit français que le jour

(1) *Journal du Palais,* année 1845, t. II, p. 260.
(2) Même ouvrage, — — p. 719.
(3) Même ouvrage, — — p. 121.

à partir duquel une action était ouverte ou une prescription commencée ne devait pas être compté dans le délai de l'action ou de la prescription ; nous n'hésitons pas à admettre l'opinion de la Cour de cassation.

L'action intentée par le propriétaire dans le temps voulu ne relève pas l'action du ministère public de la déchéance encourue par l'expiration des trois mois, à moins que les deux actions ne reposent sur le même délit. Car, si le Procureur du Roi a jusqu'au jugement le droit de conclure pour l'application de la loi, ce n'est que parce que le Tribunal a été saisi de l'action en temps utile ; il ne fait que développer, dans un autre intérêt il est vrai, la demande qui a été formée ; mais son droit a été ouvert aussitôt que le Tribunal a été saisi. Ce motif n'existe plus si le Procureur du Roi requiert à propos d'un fait sur lequel la partie civile a gardé le silence ; elle n'a pu ainsi maintenir les droits du ministère public. Cette difficulté a été résolue par la Cour royale de Nancy (1), dans une espèce qui précisait nettement la question. Un propriétaire avait poursuivi un individu pour avoir chassé sur son terrain sans son autorisation. Lorsque les trois mois furent expirés, mais avant le jugement, le procureur du roi prit des conclusions tendant à faire condamner le prévenu pour défaut de permis de chasse. Celui-ci se prévalut de la prescription, qui n'avait pu être interrompue pour ce fait par l'action de la partie civile, puisque sa demande était basée sur un fait de chasse sans autorisation, et qu'elle n'avait pu se préoccuper du défaut de permis de chasse, relativement auquel le ministère public avait seul un intérêt et une action.

(1) *Journal du Palais*, année 1845, t. II, p. 715.

La connaissance des délits commis par les gardes appartient à la Cour royale, en raison de leur qualité d'officiers publics. Ils doivent être jugés par les magistrats qui, dans l'ordre judiciaire, ont un droit de surveillance et de contrôle sur eux. La condamnation qui serait prononcée contre eux doit être portée au maximum. Ils entraînent devant cette juridiction exceptionnelle tous ceux qui ont concouru avec eux à commettre le délit, mais il faut qu'il y ait entre eux une solidarité bien établie relativement à un même fait de chasse. Si tous avaient en même temps commis un délit personnel, chacun d'eux serait traduit devant la juridiction qui lui est propre. C'est ainsi que l'a décidé la Cour royale de Paris. Dans cette espèce, il s'agissait d'un sieur Aubron, qui avait chassé en compagnie d'un garde particulier et d'un garde champêtre; aucun d'eux n'avait de permis de chasse. La Cour de Paris a renvoyé le premier devant la police correctionnelle, et a prononcé une condamnation contre les deux gardes, par ce motif qu'un délit de chasse sans permis est essentiellement personnel, et qu'il ne peut être commis conjointement par plusieurs personnes.

Pour que la condamnation à intervenir contre un garde soit portée au maximum, est-il nécessaire qu'il ait commis le délit dans la circonscription pour laquelle il est commissionné? Il semble que l'aggravation de la peine n'étant occasionnée que par cette circonstance que la loi a voulu frapper d'une peine plus sévère les officiers publics qui commettraient des délits qu'ils sont

(1) *Journal du Palais,* année 1845, t. II, p. 718.

chargés de surveiller, ce motif doit cesser lorsque le délit a été commis là où le garde n'avait aucune surveillance à exercer ; mais telle n'est pas l'intention de la loi. En refusant aux gardes la faculté d'obtenir un permis de chasse, elle leur interdit non-seulement de chasser sur le territoire soumis à leur surveillance, mais encore hors de ce territoire. Ce n'est donc pas l'effet de l'autorité du garde dans une certaine localité qui donne lieu à l'aggravation : elle résulte de sa qualité. Ainsi jugé par la Cour de cassation (1).

CHAPITRE XVIII.

Des Peines.

Lorsqu'il s'agit d'apprécier un délit de chasse, les Tribunaux n'ont qu'à examiner si le fait est établi abstraction faite de toute idée de bonne foi de la part du prévenu : l'erreur ne peut le rendre excusable. Ce principe résulte de la discussion à la Chambre des Députés. La Cour de cassation l'a proclamé de la manière la plus large (2).

Dans cette espèce, le prévenu ignorait que la chasse ne fût pas ouverte dans la localité sur laquelle il chassait. La loi n'admet l'excuse de bonne foi que lorsqu'elle est le résultat de la force majeure.

« Pourra ne pas être considéré, dit l'article 11, « comme délit de chasse le fait du passage des chiens

(1) *Journal du Palais,* année 1845, t. II, p. 118.
(2) Même ouvrage,   —   —   p. 153.

« courants sur l'héritage d'autrui, lorsque ces chiens
« seront à la suite d'un gibier lancé sur la propriété de
« leur maître, sauf l'action civile, s'il y a lieu, en cas
« de dommage. »

Les Tribunaux auront à apprécier les circonstances
dans lesquelles ce fait a eu lieu ; ils rechercheront s'il y a
eu force majeure, c'est-à-dire si le propriétaire des chiens
a pu empêcher leur passage sur la propriété d'autrui ;
cet article ne parle que des chiens courants ; c'est qu'en
effet les chiens d'arrêt ne chassent que pour leur maître
et à son excitation, ils se tiennent près de lui et viennent
à sa voix, tandis que les chiens courants, n'écoutant
que leur instinct et chassant pour eux-mêmes, n'aban-
donnent pas le gibier qu'ils poursuivent et résistent aux
appels du maître ; les chiens d'arrêt ne peuvent, dans
aucun cas, parcourir la propriété d'autrui sans exposer
leur maître à une condamnation ; pour les chiens courants, au contraire, la décision du Tribunal est facultative.

Il n'y aurait pas délit de chasse de la part du propriétaire d'un chien qui s'est échappé de son chenil,
parcourt la campagne et poursuit le gibier, s'il ne le
suit pas lui-même pour s'emparer du gibier ; il y a force
majeure, puisque l'acte ne résulte pas de la volonté du
propriétaire du chien ; il n'y a pas fait de chasse. Re-
marquons que, pour que les Tribunaux puissent renvoyer le propriétaire de chiens courants qui ont tra-
versé l'héritage d'autrui, il est nécessaire que le gibier
à la poursuite duquel se sont mis les chiens ait été levé
sur sa propriété.

Les Tribunaux ont-ils, à l'égard des traqueurs, la fa-

culté de ne pas considérer comme délit le fait de leur
passage sur la propriété d'autrui, lorsqu'ils sont à la
poursuite du gibier?

Nous avons déjà vu que les traqueurs étaient considérés comme des instruments de chasse, un accessoire
comme la meute elle-même, qu'ils sont chargés d'ap-
puyer, et qu'en conséquence ils sont dispensés de permis de chasse. Les mêmes principes devraient nous ame-
ner à décider qu'il n'y aura pas fait de chasse par cela
même que les traqueurs auront suivi les chiens à travers
la propriété d'autrui. Le Tribunal correctionnel de Blois
avait rendu un jugement dans ce sens; le Procureur du
Roi lui-même, s'appuyant sur l'état de la jurisprudence
concernant les traqueurs, avait demandé le renvoi des
prévenus. Sur l'appel, la Cour royale d'Orléans a infirmé le jugement de Blois, et avec raison, parce que si le
propriétaire du chien courant qui traverse l'héritage
d'autrui n'est pas déclaré coupable, ce ne peut être que
par suite de la force majeure; il est réputé n'avoir pu
retenir son chien, tandis que les traqueurs peuvent s'arrêter et faire leur possible même pour ramener les
chiens. Cet arrêt est tout récent (1), et doit fixer la jurisprudence en cette matière.

Seront punis d'une amende de 16 à 100 francs :

1° Ceux qui auront chassé sans permis de chasse;

2° Ceux qui auront chassé sur le terrain d'autrui sans
le consentement du propriétaire.

L'amende pourra être portée au double, si le délit a
été commis sur des terres non dépouillées de leurs
fruits, ou s'il a été commis sur un terrain entouré d'une

____

(1) Mai 1846.

clôture continue faisant obstacle à toute communication avec les héritages voisins, mais non attenant à une habitation.

On ne considère pas comme récoltes couvrant un terrain la luzerne à la troisième coupe, ni les pommes de terre; le chasseur ne peut leur causer aucun préjudice; il a été reconnu de même pour les pois lupins, qu'on avait l'habitude de les fouler sur le sol pour en faire un engrais. Au contraire, les haricots sont considérés comme pouvant être endommagés par le passage du chasseur. Le Procureur du Roi ne pourra donc poursuivre d'office dans les premiers cas : ainsi jugé par la Cour royale d'Orléans (1).

3° Ceux qui auront contrevenu aux arrêtés des Préfets concernant les oiseaux de passage, le gibier d'eau, la chasse en temps de neige, l'emploi de chiens lévriers, ou aux arrêtés concernant la destruction des oiseaux et celle des animaux nuisibles et malfaisants.

L'inobservation d'un arrêté du Préfet donnant lieu à l'application d'une peine, il est essentiel que la connaissance en soit légalement acquise. Jusque là, il n'a pas force d'exécution, et personne n'est obligé de s'y conformer. Il ne suffit pas qu'il soit inséré au Bulletin des actes de la préfecture; il faut qu'il reçoive dans chaque localité, par les voies en usage, la publication qui lui confère un caractère obligatoire. Ainsi jugé par la Cour de cassation (2). Il s'agissait d'un arrêté interdisant la chasse en temps de neige, lequel n'avait pas été publié dans la commune du prévenu.

(1) *Journal du Palais*, année 1845, t. I, p. 11.
(2) Même ouvrage, — t. II, p. 707.

Nous avons vu que, pour détruire sur sa propriété des bêtes fauves, au moment où elles occasionnent un dégât, il n'est besoin de se conformer à aucun arrêté, et qu'il en est autrement pour la destruction des animaux malfaisants et nuisibles qu'on recherche. Celui qui, sans se conformer à l'arrêté du Préfet, détruirait ces animaux sur sa propriété, commettrait-il un délit de chasse ou une contravention à un arrêté du Préfet?

La question a de l'importance en ce sens, que si la chasse n'était pas ouverte ou s'il n'était pas nanti d'un permis de chasse, il y aurait lieu à l'application d'une peine différente. Nous avons déjà résolu cette question, lorsque nous avons établi que détruire des animaux malfaisants et nuisibles sur sa propriété, ce n'était pas se livrer à un acte de chasse. Si on ne se conforme pas à l'arrêté du Préfet, il y a lieu à une condamnation de 16 à 100 francs d'amende, mais on ne peut être condamné à une peine plus forte, et la confiscation du fusil ne sera pas prononcée comme s'il s'agissait d'un délit de chasse avant l'ouverture ou sans permis de chasse.

Le Tribunal de Dijon a résolu la question dans ce sens (1).

4° Ceux qui auront pris ou détruit sur le terrain d'autrui des œufs ou couvées de faisans, de perdrix ou de cailles.

5° Les fermiers de la chasse, soit dans les bois soumis au régime forestier, soit sur les propriétés dont la chasse est louée au profit des communes ou établissements publics, qui auront contrevenu aux clauses et conditions de leurs cahiers de charges relatives à la chasse.

(1) 19 novembre 1845.

L'administration a le soin d'introduire dans les cahiers des charges d'adjudication des clauses qui préservent, autant que possible, le gibier d'une trop grande destruction. Celle qui est violée le plus souvent consiste dans le nombre des chasseurs, qui est toujours limité. Dans ce cas, y aura-t-il complicité de la part de ceux qui auront accompagné l'adjudicataire ? Il ne peut y avoir de difficulté sérieuse à cet égard, puisque la loi elle-même n'applique la peine qu'aux fermiers de la chasse. Du reste, les clauses d'un acte ne concernent que les parties qui ont comparu à l'acte, et non les tiers qui ont pu les ignorer. C'est ce qui a déterminé la Cour royale de Dijon (1) à renvoyer plusieurs prévenus, sur les conclusions conformes de M. Varembey, premier avocat général. Le pourvoi ayant été formé par M. le Procureur général, la Cour de cassation a confirmé cet arrêt.

Seront punis d'une amende de 50 à 200 fr., et pourront l'être en outre d'un emprisonnement de six jours à deux mois :

1° Ceux qui auront chassé en temps prohibé.

Nous avons vu que le temps prohibé s'entend de celui qui précède l'ouverture et qui suit la clôture, qu'une interdiction temporaire entre ces deux époques ne constitue pas la prohibition de chasser, quant aux conséquences qui s'y rattachent.

2° Ceux qui auront chassé pendant la nuit, ou à l'aide d'engins et instruments prohibés, ou par d'autres moyens que ceux qui sont autorisés.

____

(1) *Journal du Palais,* année 1845, t. II, p. 713.

Le Préfet, ainsi que nous l'avons vu, a le droit de déterminer les modes de chasse des oiseaux de passage; il
peut autoriser tous les engins et instruments qu'il juge
convenables. Mais cette dérogation au droit commun,
qui n'admet que la chasse à tir et à courre, ne peut s'appliquer qu'au moment précis où, en vertu de ce droit
exceptionnel, la défense est temporairement levée. Si
donc, avant l'époque déterminée pour cette chasse et
après la publication de l'arrêté qui fait connaître les
instruments ou engins qui seront employés, un chasseur
prenait des oiseaux de passage avec les moyens indiqués,
par exemple des gluaux, il n'aurait pas commis une
contravention à l'arrêté du Préfet, en ce sens qu'il n'aurait pas attendu l'époque fixée pour l'ouverture de cette
chasse, mais il serait réputé avoir chassé avec des instruments ou engins prohibés. Cette distinction a de l'importance sous le rapport de la peine, car si on considère ce
fait comme une contravention à un arrêté préfectoral, il
ne peut entraîner qu'une amende de 16 à 100 fr., tandis
que, dans le second cas, l'amende peut être élevée à
200 fr.; il peut y avoir emprisonnement, et nécessairement il y aura confiscation des instruments.

Il semble cependant, au premier coup-d'œil, que
lorsque le chasseur a le soin de ne chasser les oiseaux de
passage que par les moyens indiqués par les Préfets pour
ce genre de gibier, qu'il est bien constant qu'il ne prend
pas d'autres oiseaux, il s'est conformé à cet arrêté, sauf
en ce qui concerne le temps de cette chasse. Mais cette
interprétation n'est pas possible en présence des prescriptions formelles de la loi, laquelle n'admet de modes
de chasse autres que ceux de droit commun que pour

l'époque à laquelle cet usage devient licite. C'est ainsi que l'a décidé la Cour de cassation (1).

Le propriétaire d'un enclos attenant à une habitation et n'ayant aucune communication avec les héritages voisins, peut chasser en tout temps et employer tous les modes qu'il jugera convenables; c'est au moins, quant à ce dernier point, ce que nous avons pensé en nous appuyant sur de graves autorités, et malgré l'arrêt de la Cour de cassation; mais il peut être poursuivi pour fait de détention d'engins prohibés. Il faut, comme nous l'avons déjà dit, que cette constatation soit faite par des officiers de police judiciaire; aussi la Cour royale de Metz a-t-elle décidé (2) que le procès-verbal d'un garde champêtre qui déclare avoir vu par dessus la haie d'un enclos le propriétaire prendre des oiseaux au moyen d'un filet et d'appeaux en usage, ne peut produire aucun effet.

3º Ceux qui seront détenteurs ou ceux qui seront trouvés munis ou porteurs, hors de leur domicile, de filets, engins ou autres instruments de chasse prohibés.

Les délits commis par ceux qui seront trouvés porteurs, hors de leur domicile, d'instruments de chasse prohibés, pourront bien être constatés par les différents officiers ministériels dont nous avons parlé en traitant de la constatation des délits de chasse; mais lorsqu'il s'agit de délits attribués à celui qui en est détenteur, et par conséquent les tient renfermés chez lui, ils ne peuvent être constatés que par des officiers de police judiciaire.

(1) *Journal du Palais,* année 1845, t. II, p. 123.
(2) Même ouvrage,　　　—　　　—　p. 711.

La loi nouvelle n'ayant pas dérogé au droit commun sous le rapport de la poursuite, il s'ensuit qu'il n'y a que le Juge d'instruction ou des agents de l'autorité pourvus de son mandat qui puissent pénétrer dans le domicile et procéder à une perquisition dont le résultat sera la saisie des engins. Les officiers de police auxiliaires ne peuvent intervenir qu'en cas de flagrant délit; et, bien que le délit qui nous occupe se continuant par la détention paraisse toujours flagrant, le défaut de spontanéité et de publicité qui constituent le flagrant délit ne permet pas de faire cette confusion.

Le Préfet de police à Paris a un caractère qui l'assimile au Juge d'instruction. Il peut faire, en vertu du Code d'instruction criminelle, tous les actes de police judiciaire; la loi nouvelle sur la chasse n'a pas dérogé à ces dispositions : il peut, en conséquence, faire toutes visites domiciliaires, afin de constater la présence d'engins prohibés. Ainsi décidé par la Cour royale de Paris (1).

Les marchands et fabricants d'instruments de chasse, engins, filets, peuvent-ils les mettre en vente?

On pourrait penser qu'ils ont le droit d'exposer et de conserver chez eux des instruments de chasse de toute nature : c'est la conséquence de leur industrie. Ces filets ou engins peuvent être destinés à l'Etranger; du reste, dans certains départements ils sont tolérés pour la chasse des oiseaux de passage : on doit donc en permettre la fabrication. Néanmoins, ce système ne saurait prévaloir. Il résulte positivement de l'intention du législateur qu'il

____

(1) *Journal du Palais,* année 1845, t. II, p. 133.

n'est permis de mettre en vente dans les limites d'un département que les instruments désignés par le Préfet. On ne peut permettre aux fabricants et marchands, dont l'industrie peut fournir aux délinquants les moyens de violer la loi, de conserver chez eux les instruments prohibés. C'est, du reste, ce qu'a jugé la Cour royale de Paris (1), dans une affaire Kresz.

Il est sans contredit que chaque propriétaire peut avoir chez lui des piéges propres à la destruction des animaux malfaisants et nuisibles, comme les fouines, les belettes qui dévastent les dépendances des habitations rurales, pourvu qu'à la seule inspection du piége il soit constant qu'il ne paraisse pas destiné à la capture du gibier ; il faut encore que le Préfet n'ait pas pris d'arrêté pour la destruction de ces animaux. S'il en existait un, on serait tenu de s'y conformer. Ainsi jugé par la Cour de cassation (2).

4° Ceux qui, en temps où la chasse est prohibée, auront mis en vente, vendu, acheté, transporté ou colporté du gibier.

L'interdiction de vendre du gibier s'applique aux animaux que l'on prend à la chasse et non aux animaux domestiques servant à la nourriture de l'homme, tels que les lapins de clapiers. Les prescriptions de la loi ayant pour but d'assurer la reproduction du gibier, elle n'a pas pu s'occuper des animaux qui sont à la disposition de l'homme ; et si, par erreur, le rédacteur du procès-verbal déclarait que l'animal est un lapin de garenne, le contraire pourrait être prouvé soit par témoins, soit

(1) *Journal du Palais,* année 1845, t. II, p. 133.
(2) Même ouvrage,   —   —   p. 119.

par déclaration du Maire. La Cour royale de Bordeaux (1) a admis cette décision.

5° Ceux qui auront employé des drogues ou appâts qui sont de nature à enivrer le gibier ou à le détruire.

6° Ceux qui auront chassé avec appeaux, appelants et chanterelles.

Ces peines pourront être portées au double contre ceux qui auront chassé sur le terrain d'autrui pendant la nuit et à l'aide d'engins prohibés, si les chasseurs étaient munis d'une arme apparente ou cachée. Elles seront toujours portées au maximum, lorsque les délits auront été commis par les gardes champêtres ou forestiers des communes, ainsi que par les gardes forestiers de l'Etat et des établissements publics.

Le garde qui aurait obtenu un permis de chasse soit avant son entrée en fonctions, soit de toute autre manière, ne pourrait se prévaloir de cette circonstance, qu'il aurait été délivré par l'autorité compétente ; il n'en serait pas moins en contravention avec la loi. C'est dans ce sens que s'est prononcée la Cour royale de Rouen (2).

Celui qui aura chassé sur le terrain d'autrui sans son consentement, si ce terrain est attenant à une maison habitée ou servant à l'habitation, et s'il est entouré d'une clôture continue faisant obstacle à toute communication avec les héritages voisins, sera puni d'une amende de 50 à 300 fr., et pourra l'être d'un emprisonnement de six jours à trois mois.

Si le délit a été commis pendant la nuit, le délinquant sera puni d'une amende de 100 à 1,000 fr., et pourra

(1) *Journal du Palais,* année 1845, t. II, p. 233.
(2) Même ouvrage,　　　—　　—　p. 663.

l'être d'un emprisonnement de trois mois à deux ans, sans préjudice, dans l'un et l'autre cas, s'il y a lieu, de plus fortes peines prononcées par le Code pénal.

CHAPITRE XIX.

Dispositions générales.

Les peines déterminées plus haut pourront être portées au double, si le délinquant était en état de récidive, et s'il était déguisé ou masqué, s'il a pris un faux nom, s'il a usé de violence envers les personnages ou s'il a fait des menaces, sans préjudice, s'il y a lieu, de plus fortes peines prononcées par la loi.

Il y aura récidive, lorsque dans les douze mois qui ont précédé l'infraction le délinquant a été condamné en vertu de la présente loi.

Tout jugement de condamnation prononcera la confiscation des filets, engins et autres instruments de chasse. Il ordonnera, en outre, la destruction des instruments de chasse prohibés.

Il prononcera également la confiscation des armes, excepté dans le cas où le délit aura été commis par un individu muni d'un permis de chasse, dans le temps où la chasse est autorisée.

Si les armes, filets, engins ou autres instruments de chasse n'ont pas été saisis, le délinquant sera condamné à les représenter ou à en payer la valeur, suivant la fixation qui en sera faite par le jugement, sans qu'elle puisse être au-dessous de 50 fr.

Les armes, engins ou autres instruments de chasse abandonnés par les délinquants restés inconnus, seront saisis et déposés au greffe du Tribunal. La confiscation, et, s'il y a lieu, la destruction en seront ordonnées sur le vu du procès-verbal.

Dans tous les cas, la quotité des dommages-intérêts est laissée à l'appréciation des Tribunaux.

Pour qu'il n'y ait pas lieu à la confiscation du fusil, il faut le concours de deux circonstances : que la chasse soit ouverte, et que le chasseur soit nanti d'un permis de chasse. Nul doute que le chasseur convaincu du délit de chasse sur la propriété d'autrui non dépouillée de sa récolte n'encoure pas la confiscation de l'arme, toujours en vertu de ce même principe établi plusieurs fois, que la chasse sur un terrain couvert de ses récoltes après l'ouverture, ne constitue pas un délit de chasse en temps prohibé, même lorsque le Préfet, par son arrêté, interdit la chasse sur les propriétés non récoltées. Ainsi jugé par la Cour de Nancy (1).

La loi dispose différemment des armes et des instruments prohibés du chasseur ; les armes sont saisies et les instruments sont détruits. M. Crémieux a fait admettre cette distinction, basée sur ce que l'existence seule de ces engins est un délit.

La loi ordonne la confiscation des armes saisies, mais n'en ordonne pas la saisie : c'est la conséquence de ce que nous avons dit relativement aux agents rédacteurs des procès-verbaux ; elle a voulu éviter les collisions qui auraient pu résulter d'une voie de fait.

(1) *Journal du Palais,* année 1845, t. II, p. 565.

En cas de conviction de plusieurs délits prévus par la loi, la peine la plus forte sera seule prononcée, et celles encourues pour des faits postérieurs à la déclaration du procès-verbal pourront être annulées, s'il y a lieu, sans préjudice des peines de la récidive.

En cas de condamnation, les Tribunaux pourront priver le délinquant du droit d'obtenir un permis de chasse pour un temps qui n'excèdera pas cinq ans.

Les circonstances atténuantes ne seront jamais admises pour les délits de chasse; la peine portée par la loi ne pourra donc pas être modifiée.

Ceux qui auront conjointement commis un délit de chasse seront condamnés solidairement aux amendes, dommages-intérêts et frais.

CHAPITRE XX.

Des Personnes responsables.

Le père, la mère, le tuteur, les maîtres et commettants sont civilement responsables des délits de chasse commis par leurs enfants mineurs non mariés, pupilles demeurant avec eux, domestiques ou préposés, sauf tout recours de droit. Cette responsabilité ne s'appliquera qu'aux dommages-intérêts et frais, sans pouvoir toutefois donner lieu à la contrainte par corps.

M. Delespaul voulait que les maris fussent responsables des délits commis par leurs femmes, comme ils le sont relativement aux délits ruraux qu'elles commettent; cette disposition n'a pas été adoptée.

CIRCULAIRE DU GARDE DES SCEAUX,

MINISTRE DE LA JUSTICE,

AUX PROCUREURS GÉNÉRAUX

PRÈS LES COURS ROYALES,

CONCERNANT LA MISE A EXÉCUTION DE LA LOI SUR LA POLICE
DE LA CHASSE (10 mai 1844).

Monsieur le Procureur général,

L'opinion publique accusait depuis longtemps notre législation sur la chasse de faiblesse et d'insuffisance. Elle demandait contre le braconnage des moyens de répression plus sévères et plus efficaces. Le vœu qu'elle a exprimé a été entendu par le gouvernement et les Chambres : la loi sur la police de la chasse a été rendue. Si cette loi est exécutée comme elle doit l'être, avec une sage fermeté, elle fera cesser les abus qui excitaient de si vives et de si justes réclamations. Elle sera un bienfait pour la propriété et l'agriculture, qui regardent avec raison les braconniers comme l'un de leurs plus redoutables fléaux ; elle préservera le gibier de la destruction complète et prochaine dont il était menacé ; elle aura enfin un résultat moral qui doit l'agrandir et en relever l'importance aux yeux de tous les gens de bien : elle empêchera une classe nombreuse et intéressante de la société de se livrer à des habitudes d'oisiveté et de désordre qui conduisaient trop souvent au crime.

Les fonctions que vous remplissez vous mettent à même de reconnaître et d'apprécier mieux que personne les avantages incontestables de cette loi. Je viens vous prier d'en surveiller l'exécution et vous signaler celles de ses dispositions sur lesquelles votre attention me paraît devoir se fixer plus particulièrement.

La loi est divisée en quatre sections, dont la première renferme toutes les prescriptions relatives à l'exercice du droit de chasse. Cette première partie est celle qui contient les innovations les plus nombreuses et les plus importantes.

L'article 1er établit en principe que nul ne pourra chasser, même sur sa propriété, si la chasse n'est pas ouverte, et s'il ne lui a pas été délivré un permis de chasse par l'autorité compétente. Il modifie l'ancienne législation, en ce qu'il exige, pour tous les procédés et moyens de chasse, le permis de l'autorité, qui n'était exigé par le décret du 4 mai 1812 que pour la chasse au fusil; et afin de qualifier ce permis d'une manière qui en indique la portée, il lui donne le nom de permis de chasse, au lieu du nom de permis de port d'armes de chasse sous lequel le décret de 1812 le désignait. Pour être fidèle à la pensée de la loi, il faut entendre le mot chasse dans le sens le plus général, et l'appliquer sans distinction à la recherche, à la poursuite de tout animal sauvage ou de tout oiseau. C'est ainsi, au surplus, que ce mot a été entendu par la Cour de cassation, même sous l'empire de la législation de 1790 et de 1812. Il en résulte que, quel que soit l'animal sauvage ou l'oiseau que l'on chasse, et, s'il s'agit d'oiseaux de passage, quels que soient le moyen et le procédé de chasse dont

on soit autorisé à se servir, un permis de chasse est nécessaire.

L'article 2 admet une exception au principe général
posé dans l'article 1er : il autorise le « propriétaire ou
possesseur à chasser ou faire chasser en tout temps dans
ses possessions attenantes, à une habitation et entourées
d'une clôture continue faisant obstacle à toute communication avec les héritages voisins. »

L'exception est beaucoup plus restreinte qu'elle ne
l'était sous l'empire de la loi du 30 avril 1790. Cette
dernière loi permettait au propriétaire ou possesseur de
chasser en tout temps dans ses bois et dans celles de ses
possessions qui étaient séparées des héritages voisins par
des murs ou des haies vives, lors même qu'elles étaient
éloignées d'une habitation. Dans certains départements,
où presque tous les champs sont clos de haies, l'exception détruisait la règle ; d'un autre côté, on a reconnu
que la chasse dans les bois à l'époque de la reproduction
du gibier était aussi nuisible que la chasse en plaine.
On a senti la nécessité de limiter l'exception autant que
possible ; elle n'est donc accordée que pour les possessions attenantes à une habitation, et il faudra encore que
ces possessions soient entourées d'une clôture continue,
formant obstacle à toute communication avec les héritages voisins.

J'appelle votre attention sur les termes employés par
l'article 2 pour désigner la clôture. Les expressions les
plus fortes ont été choisies à dessein, pour bien faire
comprendre qu'il ne s'agit pas ici d'une de ces clôtures
incomplètes comme on en rencontre beaucoup dans les
campagnes, mais d'une clôture non interrompue et tel-

lement parfaite, qu'il soit impossible de s'introduire par un moyen ordinaire dans la propriété qui en est entourée.

Les modes de clôture ne sont pas les mêmes dans toute la France. Ils sont très-nombreux et varient à l'infini, suivant les localités. C'est pour ce motif qu'il a paru nécessaire de ne pas indiquer dans la loi un genre de clôture plutôt qu'un autre, et de se contenter d'une définition qui serve de règle aux tribunaux.

L'article 4 mérite une attention particulière, à cause des innovations graves qu'il introduit dans la législation, et des mesures efficaces qu'il prescrit pour prévenir et réprimer le braconnage.

Sous la législation antérieure, quoique la chasse fût interdite pendant une partie de l'année, le commerce du gibier était permis en tout temps; les braconniers, trouvant toujours à se défaire du produit de leurs délits, exerçaient leur coupable industrie dans toutes les saisons. Le paragraphe 1er de l'article 4 détruira cette industrie. Il défend la mise en vente, la vente, l'achat, le transport et le colportage du gibier dans chaque département, pendant le temps où la chasse n'y est pas permise. Ses termes sont impératifs, absolus. Ils s'appliquent au gibier vendu, acheté ou transporté, quelle qu'en soit l'origine.

Celui qui usera du droit exceptionnel de chasser en temps prohibé sur son terrain, attenant à une habitation et entouré d'une clôture continue, n'aura pas plus que tout autre la faculté de vendre ou de transporter son gibier. On a pensé que lui accorder cette faculté, c'eût été donner à d'autres le moyen d'éluder la loi, c'eût été rendre illusoires toutes les prohibitions contenues dans l'article 4.

Il est inutile de faire observer que le gibier d'eau et les oiseaux de passage pourront être vendus et transportés pendant le temps où la chasse en sera permise par les arrêtés des Préfets, lors même que la chasse, et conséquemment la vente et le transport du gibier ordinaire seraient interdits.

Le paragraphe 2 de l'article 4, qui prescrit de saisir le gibier mis en vente, vendu, acheté, colporté ou transporté en temps prohibé, et de le livrer immédiatement à l'établissement de bienfaisance le plus voisin, a paru le complément nécessaire des dispositions du premier paragraphe de cet article.

La saisie ne présentera ni difficultés ni inconvénients dans son exécution. La mise en vente, la vente, l'achat, le transport, le colportage du gibier pendant le temps où la chasse n'est pas permise, constituent toujours et nécessairement une infraction à la loi. L'excuse, même celle qui serait fondée sur la provenance légitime du gibier, ne sera jamais admissible.

Le paragraphe 3 de l'article 4 a limité les lieux où le gibier pourra être recherché aux maisons des aubergistes, des marchands de comestibles, et aux lieux ouverts au public.

Le droit de recherche, ainsi limité, a pu être accordé sans danger aux fonctionnaires chargés de constater les infractions à l'article 4. En effet, le gibier qui sera découvert en temps prohibé dans les lieux ouverts au public ne pourra jamais s'y trouver que par suite d'un délit.

Le dernier paragraphe de l'article 4, en défendant de prendre ou de détruire sur le terrain d'autrui des œufs et des couvées de faisans, de perdrix et de cailles, a voulu porter remède à l'un des abus les plus nuisibles à la reproduction du gibier. Il importe que son exécution soit surveillée avec soin.

Les articles 3, 5, 6, 7 et 8 règlent tout ce qui concerne l'ouverture, la clôture de la chasse et la délivrance des permis. Les Préfets, qui sont chargés spécialement de les exécuter, recevront à ce sujet des instructions particulières de M. le ministre de l'intérieur.

L'article 9 prohibe d'une manière formelle tous les genres de chasse, à l'exception de la chasse de jour à tir et à courre, et de la chasse au lapin à l'aide de furets et de bourses. Sans faire une nomenclature qui aurait été impossible, il embrasse dans sa prohibition l'emploi des panneaux et des filets, avec lesquels on détruisait des volées entières de perdreaux; l'usage meurtrier des lacets, des collets, et, en un mot, de tous les instruments de destruction permis par l'ancienne législation, qui ne profitaient qu'aux braconniers. Enfin, il interdit la plus dangereuse de toutes les chasses, la chasse de nuit, qui a été la cause de tant de meurtres et de crimes contre les personnes.

Les dispositions prohibitives contenues dans les deux premiers paragraphes de l'article 9 ont dû recevoir quelques exceptions, sans lesquelles elles auraient été beaucoup trop rigoureuses. Aussi le même article prescrit aux Préfets de prendre des arrêtés pour déterminer : 1° l'époque de la chasse des oiseaux de passage autres que la caille, et les modes et procédés de cette chasse ;

2° le temps pendant lequel il sera permis de chasser le gibier d'eau dans les marais, sur les étangs, fleuves et rivières.

Ainsi, les Préfets pourront autoriser la chasse des oiseaux de passage avec les instruments, les procédés usités dans le pays, même avec ceux dont l'usage est prohibé pour la chasse du gibier ordinaire.

La loi de 1790 donnait à tout propriétaire ou possesseur la faculté de chasser sur les lacs et étangs. La loi nouvelle ne lui permet cette chasse que pendant le temps qui sera déterminé par les Préfets. Cette différence entre les deux législations ne vous aura pas échappé.

L'article 15 de la loi de 1790 accordait aux propriétaires, possesseurs ou fermiers, le droit de repousser, même avec des armes à feu, les bêtes fauves qui se répandraient dans leurs récoltes, et celui de détruire le gibier dans leurs terres chargées de fruits, en se servant de filets et engins. La loi nouvelle n'a pas voulu leur enlever un droit de légitime défense, commandé par l'intérêt de l'agriculture, et qu'il ne faut pas confondre avec l'exercice de la chasse. Mais elle l'a réglé, afin d'empêcher de s'en servir comme d'un prétexte pour chasser dans toutes les saisons. Tel est l'objet de l'un des paragraphes de l'article 9.

Les trois derniers paragraphes de cet article donnent aux Préfets la faculté de prendre des arrêtés, 1° pour prévenir la destruction des oiseaux, 2° pour autoriser l'emploi des chiens lévriers pour la destruction des animaux malfaisants ou nuisibles, 3° pour interdire la chasse pendant les temps de neige.

Les mesures qui ont pour objet de prévenir la destruction des oiseaux ne seront pas nécessaires dans tous les départements ; mais il en est plusieurs où elles seront réclamées dans l'intérêt de l'agriculture , afin d'arrêter la reproduction toujours croissante des insectes nuisibles aux fruits de la terre.

La loi, en prohibant l'usage des filets, a déjà fait beaucoup pour empêcher la destruction des oiseaux. Mais cette interdiction peut n'être pas toujours suffisante. Les Préfets sont autorisés à employer d'autres moyens. Ainsi, par exemple, ils pourront, s'ils le jugent nécessaire, étendre aux œufs et couvées d'oiseaux la défense que le dernier paragraphe de l'article 9 n'a prononcé qu'à l'égard des œufs et couvées de faisans, de perdrix ou de cailles.

On aurait pu croire que l'emploi des chiens lévriers n'était pas compris dans les moyens de chasse prohibés. L'avant-dernier paragraphe de l'article 9 lève toute équivoque à cet égard. Il est bien entendu que l'usage des lévriers est interdit s'il n'existe pas un arrêté du Préfet qui l'autorise, et cet arrêté ne peut l'autoriser que pour la destruction des animaux malfaisants.

La chasse pendant les temps de neige est tellement destructive, qu'il a paru utile de donner aux Préfets le pouvoir de la défendre par des arrêtés.

La seconde section de la loi détermine les peines applicables aux diverses infractions qui y sont énumérées. Ces peines sont : l'amende dans tous les cas, l'emprisonnement facultatif dans des cas spécifiés, la confiscation des instruments du délit et la privation facultative, pendant cinq ans au plus, du droit d'obtenir un permis de chasse. Une disposition formelle défend de modifier les peines par l'application de l'article 463 du Code pénal.

Tous les délits, à l'exception d'un seul, qui, à raison de son importance, est l'objet d'un article spécial, sont divisés en deux grandes catégories, dont chacune renferme des faits qui, par leur nature, se rapprochent plus les uns des autres, et ont paru susceptibles d'être soumis à la même pénalité.

Les infractions passibles d'une amende de 16 fr. au moins et de 100 fr. au plus sont rangées dans la première catégorie et forment l'article 11. Vous remarquerez que cet article ne prononce pas l'emprisonnement pour les délits qu'il prévoit. Cette peine ne leur deviendra applicable que dans le cas prévu par le dernier paragraphe de l'article 14. Il faudra que le délinquant soit en récidive et n'ait pas satisfait à une condamnation précédemment encourue.

L'article 12 comprend la seconde catégorie des infractions, qui ont paru mériter une peine plus sévère que les délits de la première classe. Ces infractions sont punies d'une amende obligatoire de 50 à 200 fr., et d'un emprisonnement facultatif de six jours à deux mois.

Une seule disposition de cet article exige quelques explications. C'est le paragraphe relatif à ceux qui seront détenteurs et à ceux qui seront trouvés munis ou porteurs, hors de leurs domiciles, de filets, engins ou autres instruments de chasse prohibés.

La loi sur la pêche fluviale ne punit que les individus trouvés munis ou porteurs, hors de leurs domiciles, de filets et engins prohibés. La loi sur la chasse va plus loin : elle punit ceux qui en sont possesseurs et les détiennent dans leurs domiciles. Il a été reconnu qu'une demi-mesure serait insuffisante ; que les braconniers qui font usage de ces immenses filets, à l'aide desquels on détruit des compagnies entières de perdreaux, n'auraient jamais l'imprudence de se montrer porteurs, en plein jour, de ces instruments de délit, et que, pour atteindre sûrement le but que l'on devait se proposer, il était nécessaire de rechercher les filets et les engins prohibés jusque dans leurs domiciles. L'exécution de la disposition dont il s'agit ne peut faire craindre d'abus. Les visites domiciliaires, pour constater la détention des instruments de chasse prohibés, ne devront avoir lieu, comme pour les délits ordinaires, que sur la réquisition du ministère public et en vertu d'une ordonnance du juge d'instruction.

Le délit de chasse commis sur un terrain attenant à une maison habitée et entourée d'une clôture telle qu'elle est définie par l'article 2, sort de la classe ordinaire des infractions de ce genre. Lorsqu'il est encore aggravé par la circonstance de la nuit, on doit le punir d'autant plus sévèrement, qu'il annonce dans ses auteurs une audace qui ne reculera pas devant des actes de violence et même devant un meurtre. L'article 13 prononce, à l'égard de ce délit, des peines qui pourront être portées, suivant les circonstances, jusqu'à 1,000 francs d'amende et à deux ans d'emprisonnement.

L'article 16 a tracé les règles à suivre pour la confiscation des instruments de chasse, la destruction de ceux de ces instruments qui sont prohibés et ne peuvent jamais servir que pour commettre des délits, et la représentation des armes, filets et engins qui n'ont pu être saisis. Ses dispositions sont claires et complètes. Je ne ferai sur cet article qu'une seule observation. La peine de la confiscation qu'il prononce ne doit pas être une peine illusoire. Pour qu'elle soit efficace, il faut que les armes et les instruments du délit qui seront déposés au greffe, par suite de la confiscation, ne soient pas des fusils hors de service, des instruments qui n'ont pas pu être employés à commettre le délit. Les agents chargés de verbaliser, en matière de chasse, devront être invités à désigner aussi exactement que possible les armes et les autres instruments dont les délinquants auront été trouvés porteurs, et vos substituts devront veiller à ce que les jugements qui auront ordonné la confiscation et le dépôt au greffe des objets décrits soient strictement exécutés.

L'examen des diverses pénalités portées dans la loi vous convaincra qu'elles sont graduées suivant le plus ou moins d'importance des faits auxquels elles s'appliquent. Les minimum ont été généralement fixés très-bas, afin de laisser aux tribunaux une grande latitude, et de leur permettre de n'infliger qu'une peine légère à ceux qui commettront accidentellement des infractions sans gravité, et que les circonstances rendront excusables.

D'après les articles 10 et 19, qui se lient l'un à l'autre, et que, par ce motif, je n'ai pas séparés dans les observations auxquelles ils donnent lieu, les gratifications qui seront accordées aux gardes et gendarmes rédacteurs des procès-verbaux seront déterminées par des ordonnances royales et prélevées sur le produit des amendes. La loi a voulu assurer le paiement de ces gratifications en attribuant aux gardes et gendarmes un prélèvement sur le produit des amendes qui auront été prononcées par suite de leurs procès-verbaux. Des mesures seront prises pour que la loi reçoive sur ce point une prompte exécution. Une ordonnance, préparée par les soins de M. le ministre des finances, réglera la quotité des gratifications et les moyens d'en effectuer le paiement dans le plus bref délai possible.

La troisième section de la loi, relative à la poursuite et au jugement, renferme deux articles que je recommande spécialement à votre attention.

L'article 23 porte que les procès-verbaux des employés des contributions indirectes et des octrois feront foi jusqu'à la preuve contraire, lorsque, dans la limite de leurs attributions respectives, ces agents rechercheront et constateront les délits prévus par le paragraphe 1er de l'article 4, c'est-à-dire la mise en vente, l'achat, le colportage et le transport du gibier en temps prohibé. Les motifs de cette disposition sont évidents. Les infractions dont il s'agit ici ne pourront presque jamais être constatées par les gardes et les gendarmes, appelés, par la nature de leurs fonctions, à rechercher plutôt les délits de chasse proprement dits qui se commettent au milieu des champs ; mais les préposés des octrois, placés à l'entrée des villes pour surveiller les objets qu'on veut y introduire, les employés des contributions indirectes, obligés, par état, de visiter les auberges et les lieux ouverts au public, pourront, tout en remplissant leur mission, constater sans peine le transport et la vente illicites du gibier. Leur concours était nécessaire à l'exécution d'une partie importante de la loi. Telle est la cause du nouveau pouvoir qui leur a été conféré.

Une remarque essentielle à faire sur l'article 23, c'est que, d'après ses termes, les fonctionnaires qu'il désigne ne pourront verbaliser valablement qu'autant qu'ils agiront dans les limites de leurs attributions ordinaires. Ainsi, les employés des contributions indirectes, ne pouvant faire de visites chez les aubergistes qui se sont rachetés de l'exercice par un abonnement, n'auront pas le droit de s'y transporter pour y rechercher du gibier en temps prohibé.

L'article 26 contient une dérogation à l'ancienne législation, d'après laquelle les faits de chasse sur le terrain d'autrui ne pouvaient pas être poursuivis d'office par le ministère public sans une plainte formelle du propriétaire. A l'avenir, ils pourront l'être dans deux cas : lorsque le délit aura été commis dans un terrain clos, suivant les termes de l'article 2, et attenant à une maison d'habitation, ou sur des terres non encore dépouillées de leurs fruits. Les faits de chasse sur le terrain d'autrui ne constituent un délit qu'autant qu'ils ont eu lieu sans le consentement du propriétaire ou de ses ayant droits. Les Procureurs du Roi ne devront donc user de la nouvelle faculté qui leur est accordée qu'avec une sage réserve.

La quatrième et dernière section, intitulée *Dispositions générales*, donne lieu à une observation. L'article 30, en déclarant les dispositions de la loi sur l'exercice du droit de chasse non applicables aux propriétés de la couronne, ordonne que les délits commis sur ces propriétés seront poursuivis et punis conformément aux sections 2 et 3. Avant la loi, il fallait recourir à l'ordonnance de 1669, pour réprimer les délits de chasse commis dans les forêts de la couronne. Ces délits seront désormais soumis aux règles du droit commun. L'ordonnance de 1669 est abrogée.

Je termine ici les observations que j'avais à vous adresser sur quelques-unes des difficultés que l'interprétation de la nouvelle loi pourra présenter. La pratique fera, sans doute, naître beaucoup d'autres questions que je n'ai pas examinées. Je suis certain d'avance que, grâce à vos instructions et à la sagesse des Tribunaux, ces questions recevront une solution conforme au vœu du législateur.

L'efficacité de la loi dépend surtout de la manière dont elle sera exécutée par les fonctionnaires chargés de constater les délits. Le nombre de ces fonctionnaires est augmenté. Les gendarmes et les gardes seront secondés par de nouveaux et utiles auxiliaires. Si tous ces agents de l'autorité font leur devoir, le but sera atteint.

Le zèle de vos substituts n'a pas besoin d'être stimulé. Je suis convaincu qu'ils ne négligeront rien pour assurer, en ce qui les concerne, la bonne exécution de la loi, et qu'ils donneront aux fonctionnaires placés sous leurs ordres, qui doivent y concourir avec eux, une impulsion ferme et énergique.

Je vous prie de m'accuser réception de la présente circulaire, dont je vous envoie des exemplaires en nombre suffisant pour que vous puissiez en adresser un à chacun de ces magistrats.

Recevez, etc.   MARTIN (du Nord).

TABLE.

www.ingramcontent.com/pod-product-compliance
Lightning Source LLC
Chambersburg PA
CBHW061245060726
47596CB00002B/455